爱因斯坦谜题集

蒂姆·戴多普洛斯

目　录

前言 …………………………………………………… 8

第一章

1　运动中的身体 ………………………………… 12
2　0=1? …………………………………………… 13
3　逻辑问题1 ……………………………………… 14
4　潜水艇 …………………………………………… 15
5　数字"48" ……………………………………… 16
6　乱码名言1 ……………………………………… 17
7　两个铁桶 ………………………………………… 18
8　高空走钢丝 ……………………………………… 19
9　密文1 …………………………………………… 20
10　斐波那契的游戏 ……………………………… 21
11　异想天开 ……………………………………… 22
12　木头和黄金 …………………………………… 23
13　地球自转 ……………………………………… 24
14　逻辑思维测试1 ……………………………… 25
15　呼气小实验 …………………………………… 26
16　光滑的冰面 …………………………………… 27
17　部落数学 ……………………………………… 28
18　玻璃游戏 ……………………………………… 29
19　乱码名言2 …………………………………… 30

20 密文2	31
21 无尽的世界	32
22 阳光1	33
23 逻辑思维测试2	35

第二章

24 魔镜！魔镜！	38
25 象棋皇后	40
26 逻辑问题2	41
27 升降机	42
28 排水游戏	43
29 模拟现实	44
30 逻辑思维测试3	45
31 端坐	46
32 赤脚温度	47
33 密文3	48
34 落球	49
35 钟摆	50
36 逻辑问题3	51
37 费米的悖论	52
38 溢水	53
39 地球引力	54
40 逻辑思维测试4	55
41 弹珠	56
42 地底下	57

43	逻辑问题4	58
44	吃人的鳄鱼	59
45	热金属	60
46	火车之旅	61
47	密文4	62
48	力量	63

第三章

49	魔方	66
50	银制的茶匙	67
51	逻辑思维测试5	68
52	洗澡	69
53	概率悖论	70
54	逻辑问题5	71
55	暮光	72
56	沸腾状态	73
57	逻辑思维测试6	74
58	魔术师	75
59	晒痕	76
60	密文5	77
61	囚徒困境	78
62	灯光	79
63	逻辑问题6	80
64	字母序列游戏1	81
65	阳光2	82

66 自行车车轮	83
67 逻辑思维测试7	84
68 沙漏	85
69 硬币挑战	86
70 逻辑问题7	87
71 乌鸦	88
72 流星	89
73 简单题	90
74 密文6	91
75 假想的小行星	92
76 飞行的苍蝇	93
77 烟雾	94
78 逻辑思维测试8	95

第四章

79 冷却	98
80 针尖	99
81 逻辑问题8	100
82 水位上升	101
83 水桶	102
84 攀爬的猩猩	103
85 逻辑思维测试9	104
86 冷风	105
87 盐	106
88 密文7	107

89 芝诺的二分说悖论 ⋯⋯⋯⋯⋯⋯⋯⋯⋯⋯⋯⋯⋯⋯⋯⋯ 108

90 瓶中的鸡蛋 ⋯⋯⋯⋯⋯⋯⋯⋯⋯⋯⋯⋯⋯⋯⋯⋯⋯⋯ 109

91 逻辑问题9 ⋯⋯⋯⋯⋯⋯⋯⋯⋯⋯⋯⋯⋯⋯⋯⋯⋯⋯⋯ 110

92 伯特兰的箱子 ⋯⋯⋯⋯⋯⋯⋯⋯⋯⋯⋯⋯⋯⋯⋯⋯⋯ 111

93 温暖的感觉 ⋯⋯⋯⋯⋯⋯⋯⋯⋯⋯⋯⋯⋯⋯⋯⋯⋯⋯ 112

94 明暗对照 ⋯⋯⋯⋯⋯⋯⋯⋯⋯⋯⋯⋯⋯⋯⋯⋯⋯⋯⋯ 113

95 逻辑思维测试10 ⋯⋯⋯⋯⋯⋯⋯⋯⋯⋯⋯⋯⋯⋯⋯⋯ 114

96 高尔夫球 ⋯⋯⋯⋯⋯⋯⋯⋯⋯⋯⋯⋯⋯⋯⋯⋯⋯⋯⋯ 115

97 跳车 ⋯⋯⋯⋯⋯⋯⋯⋯⋯⋯⋯⋯⋯⋯⋯⋯⋯⋯⋯⋯⋯ 116

98 逻辑问题10 ⋯⋯⋯⋯⋯⋯⋯⋯⋯⋯⋯⋯⋯⋯⋯⋯⋯⋯ 117

99 芝诺的体育馆 ⋯⋯⋯⋯⋯⋯⋯⋯⋯⋯⋯⋯⋯⋯⋯⋯⋯ 118

100 气泡 ⋯⋯⋯⋯⋯⋯⋯⋯⋯⋯⋯⋯⋯⋯⋯⋯⋯⋯⋯⋯⋯ 119

101 完美的椭圆 ⋯⋯⋯⋯⋯⋯⋯⋯⋯⋯⋯⋯⋯⋯⋯⋯⋯⋯ 120

102 密文8 ⋯⋯⋯⋯⋯⋯⋯⋯⋯⋯⋯⋯⋯⋯⋯⋯⋯⋯⋯⋯⋯ 121

103 不可能的事 ⋯⋯⋯⋯⋯⋯⋯⋯⋯⋯⋯⋯⋯⋯⋯⋯⋯⋯ 122

104 薛定谔的猫 ⋯⋯⋯⋯⋯⋯⋯⋯⋯⋯⋯⋯⋯⋯⋯⋯⋯⋯ 123

105 磅秤 ⋯⋯⋯⋯⋯⋯⋯⋯⋯⋯⋯⋯⋯⋯⋯⋯⋯⋯⋯⋯⋯ 124

106 逻辑思维测试11 ⋯⋯⋯⋯⋯⋯⋯⋯⋯⋯⋯⋯⋯⋯⋯⋯ 125

107 重量问题 ⋯⋯⋯⋯⋯⋯⋯⋯⋯⋯⋯⋯⋯⋯⋯⋯⋯⋯⋯ 126

108 芝诺的箭 ⋯⋯⋯⋯⋯⋯⋯⋯⋯⋯⋯⋯⋯⋯⋯⋯⋯⋯⋯ 127

第五章

109 逻辑问题11 ⋯⋯⋯⋯⋯⋯⋯⋯⋯⋯⋯⋯⋯⋯⋯⋯⋯⋯ 130

110 生存本能 ⋯⋯⋯⋯⋯⋯⋯⋯⋯⋯⋯⋯⋯⋯⋯⋯⋯⋯⋯ 131

111 得数"100" ⋯⋯⋯⋯⋯⋯⋯⋯⋯⋯⋯⋯⋯⋯⋯⋯⋯⋯ 132

112	重压之下	133
113	逻辑思维测试12	134
114	吃水线	135
115	密文9	136
116	大饭店	137
117	字母序列游戏2	138
118	逻辑问题12	139
119	贝瑞悖论	140
120	射击	141
121	涨潮	142
122	逻辑思维测试13	143
123	积雪	144
124	逻辑问题13	145
125	牛顿和佩皮斯	146
126	字母序列游戏3	147
127	时间	148
128	密文10	149
129	万有引力	150
130	字母序列游戏4	151
131	狮身人面像之谜	152
132	飞行游戏	153
133	气球实验	154
134	鸡蛋	155

答案 ·················· 156

前　言

阿尔伯特·爱因斯坦被认为是 20 世纪的天才。我们记忆中的他是一位极具创造力的杰出科学家，穿着古怪，留着一头乱糟糟的花白头发。我们往往忽略他在其他方面带来的影响——他极力反对种族主义，参加游行支持黑人的权利；他热爱和平，从纳粹大屠杀中拯救了数千人的性命；他还是一位天才小提琴家。

《时代周刊》1999 年将爱因斯坦评为"世纪风云人物"，肯定了他对我们这个世界的影响力。他彻底改变了我们对宇宙的认识，使现代化所依赖的大多数科技成为可能。

在编写书中的谜题时，我尝试沿着爱因斯坦的天才思路挑选他可能认为有一定价值的，或者能反映出他的兴趣和思路的一些谜题。同时尽可能展示他丰富有趣的思想，通过这本谜题集，你将离这位世纪天才科学家更近一些。

我从未敢为这位伟人代言，如若本书能使您开始思考（哪怕是一点点）我们赖以生存的世界和宇宙的本质，那我就满足了。当然同时还希望您能从中收获快乐。

蒂姆·戴多普洛斯
2015 年于伦敦

$\frac{d\gamma}{d\beta} = \frac{d}{d\beta}\left(\frac{1}{(1-\beta^2)^{1/2}}\right) = -\frac{1}{2}(-2\beta)(1-\beta^2)^{-3/2} = \beta(1-\beta^2)^{-3/2} \therefore F = m_o\left[\gamma\frac{dv}{dt} + v\frac{d\gamma}{dt}\right]$

$= m_o\left[\gamma\frac{dv}{dt} + v \cdot \frac{v}{c^2}\left(1-\frac{v^2}{c^2}\right)^{-3/2} \cdot a\right] = m_o\left[\gamma a + \frac{v^2}{c^2}\left(1-\frac{v^2}{c^2}\right)^{-3/2} \cdot a\right] = m_o a\left[\frac{1}{(1-\frac{v^2}{c^2})^{1/2}} + \frac{v^2}{c^2}\left(1-\frac{v^2}{c^2}\right)^{-3/2}\right], \quad a = 1 - \frac{v^2}{c^2} \Rightarrow F = m_o a\frac{v^2}{c^2} \cdot \frac{1}{(1-\frac{v^2}{c^2})^{3/2}} = m_o a\left[1-\frac{v^2}{c^2}\right]^{-3/2}$

$F = m_o\left[1-\frac{v^2}{c^2}\right]^{-3/2}, \quad W = \int F\,dx = \int \frac{m_o a}{(1-\frac{v^2}{c^2})^{3/2}}\,dx = m_o \int \frac{\frac{dv}{dt}}{(1-\frac{v^2}{c^2})^{3/2}}\,dx = m_o \int \frac{1}{(1-\frac{v^2}{c^2})^{3/2}}\frac{dv}{dt}\,dx$

[9]

第一章

"有线电报犹如一只身形很长的猫。你在纽约拉它的尾巴,它的头在洛杉矶喵喵叫。明白吗?无线电的操作原理和这个一模一样:你在这里发送信号,接收人在那边接收讯息。唯一不同的是没有猫。"

——阿尔伯特·爱因斯坦

1
运动中的身体

我们习惯认为,我们可以静静地坐着,一动不动地打发时间。但是我们的星球绝非静止不动。我们自始至终都在以惊人的速度在宇宙的漩涡中穿梭猛冲。

从太阳看来,所有地球上的人都以同样的速度运动。这一观点或许太过草率。毕竟,我们的星球以 30 千米/秒的速度绕着太阳旋转——从北极上方来看以逆时针方向旋转。然而,我们还要考虑到另一个因素。若我们站在赤道上会发现,除了绕着太阳公转外,地球还以 28 千米/分的速度自转。

你当然知道,从地球表面来看,太阳是东升西落。那么你是白天还是晚上运动得更快呢?

答案见第 158 页

2
0=1?

数学是一门艺术，也是一门科学，它能瓦解绝对论。

例如，我们可以演示 0=1。但是首先我要指出，若将一系列数字相加，加法结合律告诉我们，先把前两个数字相加，或先把后两个数字相加，和不变。1+2+3=1+（2+3）=（1+2）+3。

因此根据以上法则，将无限个零相加。不论相加多少个零，得数永远是零。0=0+0+0+0+0+…

因为 1-1=0，所以你可以把你上述等式中的零都替换成 1-1，像这样：
0=（1-1）+（1-1）+（1-1）+（1-1）+（1-1）+…

根据加法结合律，你可以在适当的地方调整算式顺序。即：
0=1+（-1+1）+（-1+1）+（-1+1）+（-1+1）+（-1+1）+…

然而，根据法则，（-1+1）=0，那么：
0=1+0+0+0+0+0+…

即：

$$0=1$$

结果显然是错的。但为什么呢？

答案见第 158 页

3
逻辑问题1

英国数学家兼作家路易斯·卡罗尔设计了一套优秀的逻辑问题,以阐明并测试演绎推理能力。请细读下面的描述并回答后面的问题。假设以下描述在任何情况下都成立。

我不喜欢不能作为桥使用的东西。
晚霞无法承载我的体重。
诗歌中我唯一欣赏的主题是像礼物一样受欢迎的事物。
任何可以当作桥使用的东西都能承载我的体重。
我不会接受我不喜欢的礼物。

我喜欢关于晚霞的诗歌吗?

答案见 159 页

4
潜水艇

　　无论战时与否，潜水艇的舰长务必确保潜水艇没有停靠在海底，哪怕是一小会儿。
　　你能告诉我为什么吗？

答案见第 159 页

> 反省过去，把握当下，憧憬未来。重要的是多思考。
> ——阿尔伯特·爱因斯坦

5
数字"48"

许多数字,尤其是一些小数字,值得我们特别注意。在平方数中,48 是一个特别奇怪的数。若加 1,我们可以得到一个平方数 [48+1=49=7×7]。如除以 2 再加 1,将得到另一个不同的平方数 [48/2+1=25=5×5]。

事实上,48 是能满足以上两种情况的最小数。你能找到下一个最小数吗?

答案见第 160 页

> 小事粗心之人，勿委以重任。
> ——阿尔伯特·爱因斯坦

6
乱码名言1

下面文字中包含一句名言。
你能破解这句名言吗？

LIKE AN HOUR THAT'S RELATIVITY
LIKE A SECOND WHEN
NICE GIRL AN HOUR SEEMS
HOT CINDER A SECOND SEEMS
WHEN YOU ARE COURTING A
YOU SIT ON A RED
ALBERT EINSTEIN

答案见第160页

7
两个铁桶

有两桶水,除了其中一个桶内有一大块木头漂浮在水面上,这两个铁桶其他各个方面完全相同。此外,两个桶都盛满了纯净水。

哪一个桶更重些呢?

答案见第 161 页

8
高空走钢丝

走高空钢丝需要高超的技巧、全身心的投入和健康的身体。但是,当你看到娴熟的运动员垂手拿着一根长长的棍子在令人眩晕的钢索上行走时,记住,这一表演可能没有看上去那么疯狂冒险。

你能告诉我这是为什么吗?

答案见第161页

9

密文1

请破译下面的文字。这些文字是一句名言,使用了简单的密码,有些晦涩难懂。

```
AHUMA NBEIN GISAP ARTOF THEWH OLECA LLEDB
YUSUN IVERS EAPAR TLIMI TEDIN TIMEA NDSPA
CEHEE XPERI ENCES HIMSE LFHIS THOUG HTSAN
DFEEL INGAS SOMET HINGS EPARA TEDFR OMTHE
RESTA KINDO FOPTI CALDE LUSIO NOFHI SCONS
CIOUS NESST HISDE LUSIO NISAK INDOF PRISO
NFORU SREST RICTI NGUST OOURP ERSON ALDES
IRESA NDTOA FFECT IONFO RAFEW PERSO NSNEA
RESTT OUSOU RTASK MUSTB ETOFR EEOUR SELVE
SFROM THISP RISON BYWID ENING OURCI RCLEO
FCOMP ASSIO NTOEM BRACE ALLLI VINGC REATU
RESAN DTHEW HOLEO FNATU REINI TSBEA UTYAL
BERTE INSTE INAHU
```

答案见第 162 页

10
斐波那契的游戏

这个数学集体游戏是 13 世纪意大利数学家莱昂纳多·皮萨诺设计的，现代人称莱昂纳多·皮萨诺为斐波那契。他在数学上的贡献（发现黄金比例）推动了欧洲文艺复兴。但我们今天不谈这个。

将 8 个人按 2~9 编号排成一排坐好。从编号中秘密选出一个数字。对应数字的人挑出手中的一个指关节，可以是戴戒指的手指指关节，或者他指定为戴戒指的手指指关节。然后他回到原来的位置坐好。将他所对应的数字乘以 2，加 5，乘以 5，再加 10。接着确定你所选手指的对应数字（从小指为 1 数起），将该数字与前面的总和相加，然后再乘以 10。最后加上该手指指关节所在的数字（离手最近的指关节为 1，指尖关节为 3）。最后计算出总和。

"得出这个数字后，"斐波那契说道，"我们就很容易锁定戒指的位置了。"

你知道为什么吗？

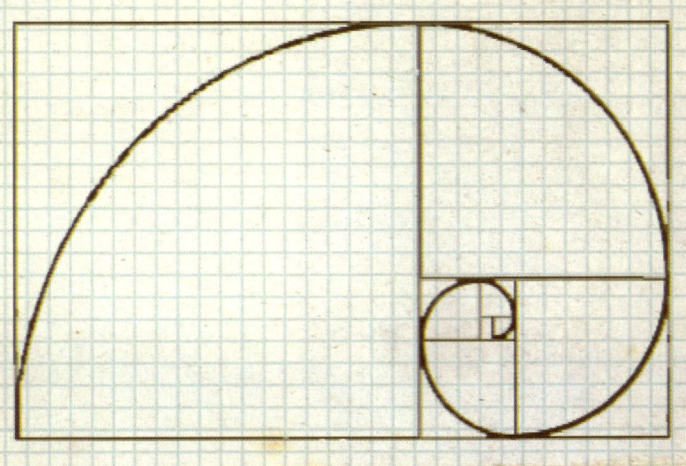

答案见第 163 页

11

异想天开

据说至尊专属体验是建造一栋四面都有朝南窗户的房子。这是一个合理命题吗?

答案见第 163 页

> 当你和一个美丽的女孩坐上一小时,你会觉得好像只有一秒。而当你在炽热的火炉边哪怕只坐上一秒,你却感觉像是坐了一小时。这就是相对论。

——阿尔伯特·爱因斯坦

12
木头和黄金

这个问题乍一看起来似乎好笑。但是我向你保证,我没有跟你开玩笑。简单不一定象征肤浅。

一块一吨重的木头和一块一吨重的黄金,哪一个更重?

假设在同一个地方用同一杆秤称以上木头和黄金,两种情况下秤上显示的数值相同。

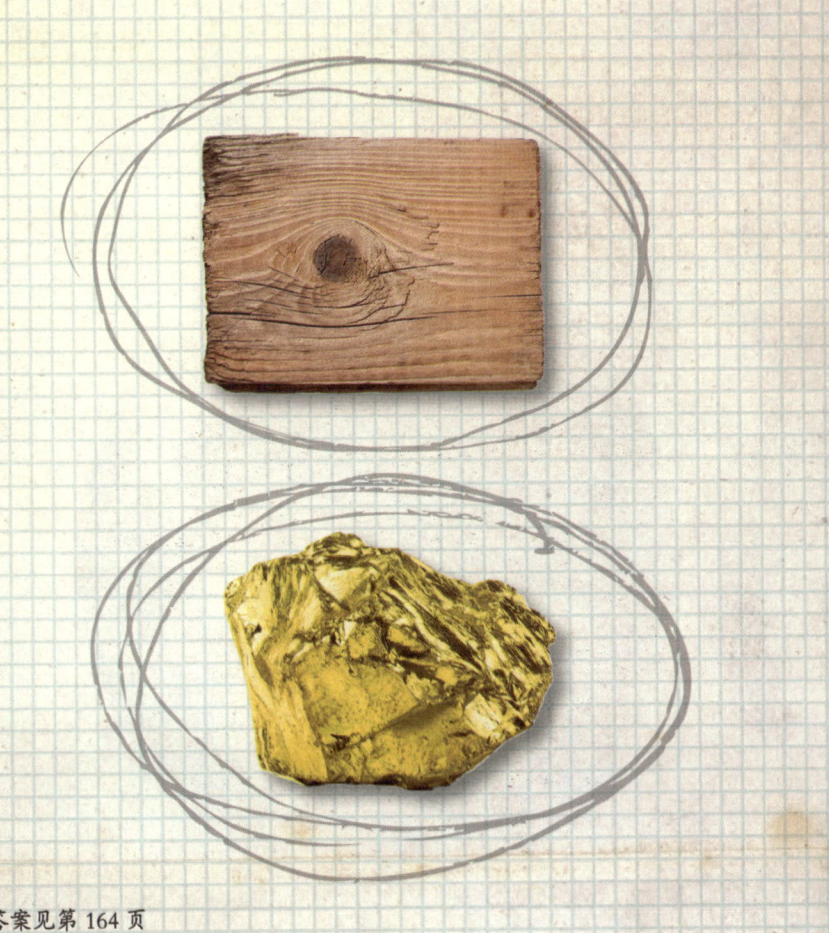

答案见第164页

13
地球自转

感谢哥白尼、伽利略以及其他许多科学家,我们现在知道日夜更替是因为太阳静止不动时,地球在自转。但是总是盲目相信别人告诉你的东西不是明智之举。

我们很容易用实验证明地球在自转。你甚至不必离开地球表面。

你能举例说明吗?

答案见第 165 页

14
逻辑思维测试1

可以用下题来测试你的逻辑思维能力。

5名来自常青藤联盟大学的科学家正在进行一项尖端太空项目研究。根据已有的信息,你能说出这位爱尔兰科学家住在哪个镇吗?

来自纽黑文[①]的科学家研究天体物理学,她名叫艾米丽,不是美国人。英国科学家居住在剑桥,名字不是玛丽·安娜或索菲。物理力学专家不是詹妮弗或爱丽丝。普罗维顿斯[②]是超材料科学家的故乡。汉诺威[③]不是加拿大科学家的故乡。爱丽丝是澳大利亚人,她没有研究天体物理学。玛丽·安娜研究生物化学,她不是爱尔兰人。其中有一位科学家研究纳米技术。一位科学家居住在纽约。

答案见第 166 页

名字	国籍	居住地	专业

[①] 美国康涅狄格州港市。
[②] 美国罗得岛州的首府。
[③] 德国一个市。

15

呼气小实验

这是一个小型的应用实验——你不用付出太多努力就能完成。缓缓地往你的手掌呼气。想想有什么感觉。现在噘起嘴唇,用力向手掌吹气。你甚至可以换一只手。

你会发现,当你慢慢呼气时,呼出的气体是暖和的,而当你用力吹气时,呼出的气体却是凉的。

呼吸的温度没变。你的手温也没有变。那为什么会不一样呢?

答案见第 166 页

> 智慧的真正标志不是知识而是想象力。
> ——阿尔伯特·爱因斯坦

16
光滑的冰面

你也许注意到抛光过的地板比未抛光的地板要光滑得多。那么按照这个道理，光滑的冰块是否应该比凹凸不平的冰块更滑溜？如果你拉过雪橇，你就会发现，在高低不平的冰面上拉雪橇比在平滑的冰面上更容易。你还可能发现，粗糙的冰面比光滑的冰面更难走。

这是为什么呢？

答案见第 167 页

17

部落数学

在 19 世纪，一位在埃塞俄比亚的欧洲陆军上校曾记录了他偶遇当地部落成员的经过。他向他们买牛，想以每头 22 比尔[①] 的价格购买 7 头牛。由于不会计算，卖主请来一位当地的牧师确认总价格。

牧师来了后，他先挖了两列洞。右边一列代表交易价格，因此他在第一个洞里放了 22 块石头，然后后面的每个洞里依据舍去尾数原则，石头依次减半。即依次放入 22，11，5，2 和 1 块石头。左边的洞代表牛，牧师在第一个洞里放入 7 块小石头。然后后面的每个洞里石头依次加倍。于是左边洞里就有 7，14，28，56 和 112 块石头。

牧师宣布偶数价格是邪恶的，于是他走到右边洞边，遇到洞里石头数目为偶数时——即 22 和 2 的洞旁——将右边洞里以及与之相对的左边洞里的石头都清除。最后，他将左边洞里剩下的石头收集到一起——分别是 14，28 和 112 块——一块块清点好。得到 154 个石头，正好等于 22×7。

事实上，这种乘法计算法适用于整数。这是为什么呢？

答案见第 167 页

[①] 埃塞俄比亚和厄立特里亚国基本货币单位。

> 首先你必须掌握游戏规则。然后还必须玩得比别人好。
>
> ——阿尔伯特·爱因斯坦

18

玻璃游戏

想象墙上有一扇 5 英尺高（约 1.5 米）的正方形窗户。外面的光线透过窗户照射进来，墙不透光。这很简单。

在保持玻璃类型不变，窗户仍为 5 英尺高的正方形条件下，在窗户上或者窗户和观察者之间用窗帘、滤光器、百叶窗或者其他隔离物隔开，使得照进的光刚好减少一半。

这不容易吧。你能告诉我怎么做吗？

答案见第 168 页

19
乱码名言2

下面文字中包含一句名言。尽管每一行字语序正确,但由于没有标点符号,句子有些混乱。

你能把这句名言拼凑起来吗?

A FISH BY ITS
ALBERT EINSTEIN
THAT IT IS STUPID
ABILITY TO CLIMB A TREE
IT WILL LIVE ITS
EVERYBODY IS A GENIUS
BUT IF YOU JUDGE
WHOLE LIFE BELIEVING

答案见第 168 页

> 和平不能靠武力维持,它只能靠理解实现。
>
> ——阿尔伯特·爱因斯坦

20
密文2

请破译出下面文字中的一句名言。这句名言使用了简单的密码，有些晦涩难懂。

```
JG ZPV XBOU ZPVS DIJMESFO UP CF

JOUFMMJHFOU SFBE UIFN GBJSZ UBMFT

JG ZPV XBOU UIFN UP CF NPSF

JOUFMMJHFOU SFBE UIFN NPSF GBJSZ UBMFT
```

答案见第 169 页

21
无尽的世界

数学的无穷尽可以非常有趣,也可以平凡无奇。

想想自然数 1,2,3,4…… 它们是无穷尽的。现在想想偶数——2,4,6,8…… 显然它们也是无穷尽的。

如果将所有自然数与所有偶数相比,哪个更大?

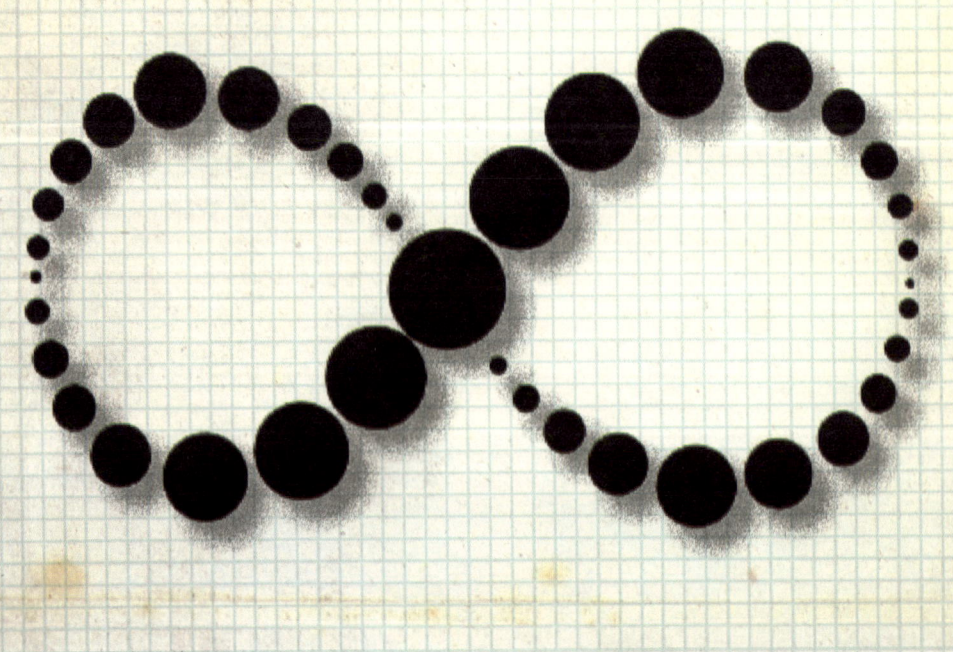

答案见第 169 页

22
阳光1

虽然我们距离太阳有 1.5 亿千米，但是光的传播速度飞快，仅需 8 分钟就可以到达我们的地球。给几个数据让你看看太阳系有多大：太阳光 43 分钟可到达木星，7 小时可到达荒凉的冥王星。

为了便于说明，假设你所处的位置明天早晨六点整太阳准时升起。但由于夜间不明力量的干扰，太阳光几乎瞬间到达地球，犹如打开了一扇奇妙的大门，将光的传播时间骤降到一秒以下。无关时钟是否精密。重要的是，光的传播时间从 8 分钟缩短到不到一秒，且没有对我们造成任何不良影响。

你认为明天几点能看到黎明？

答案见第 170 页

23
逻辑思维测试2

可以用下题来测试你的逻辑思维能力。

五个朋友在咖啡馆讨论他们喜欢的音乐风格。根据下面给出的信息，请找出喝意式浓咖啡的人的名字。

史蒂夫喝的是热巧克力，他不喜欢摇滚乐，也没穿红衣服。喝拿铁的人穿黑色衣服，不喜欢流行音乐或古典音乐。有一个人穿绿色衣服。布鲁斯没喝卡布奇诺。梅根也没喝卡布奇诺，她不喜欢摇滚乐。乡村音乐粉丝在喝茶，他没有穿奶黄色衣服。戴安娜喜欢电子音乐。琼穿蓝色衣服，不喜欢乡村音乐或者古典音乐。

名字	所喝的饮料	音乐	衣服颜色

答案见第170页

第二章

> "想象力比知识更重要。知识是有限的,但想象力是无限的,推动进步,孕育发展。严格意义上说,它是科学研究的真正因子。"
>
> —— 阿尔伯特·爱因斯坦

24
魔镜！魔镜！

镜子在日常生活中随处可见。对绝大多数人来说，镜子是不可或缺的。那么有关镜子的一个简单问题是：

能看得见完全干净的镜面吗？

答案见第 174 页

25

象棋皇后

　　德国国际象棋大师马克思·贝策尔早在1848年就提出了这个问题,他是第一个提出这个问题的人。自那以后象棋界进行过大量的讨论。

　　象棋皇后向八个方向进攻——上下、左右和对角线方向。他的问题是:是否可以在规范的 8×8 国际象棋棋盘上放置八个皇后,使它们彼此不能相互攻击。

　　你能找到方法吗?

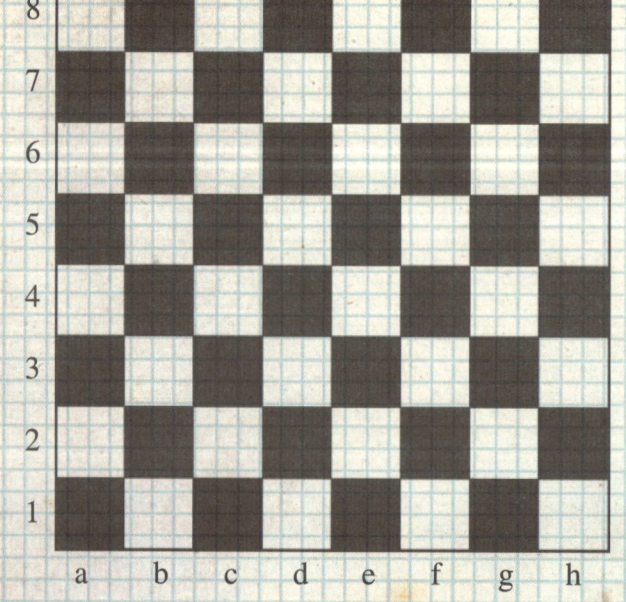

答案见第 175 页

26
逻辑问题2

请阅读下面的描述。假设它们在任何情况下都完全正确。根据以下描述回答后面的问题。

不踢人的动物总是温和的。
驴子没有角。
水牛总把你撞到门上。
踢人的动物不容易安抚。
头上无角的动物能把你撞到门上。
只有水牛是温和的。

请问：驴子容易安抚吗？

答案见第 176 页

27
升降机

人们通常认为第一台电梯是公元前三世纪由阿基米德发明的。它形如简陋的驾驶室，由一根大麻绳支撑，靠人或动物手工提供动力。直到1852年以利沙·奥蒂斯发明了安全升降机。当升降机移动太快，锯齿状的导引装置会将升降机锁在墙上适当的位置。1853年以利沙·奥蒂斯在英国水晶宫两个呈锯齿状的大梁之间搭建一个舞台，在舞台上建造了一个开放式平台，在平台上展示了这一原理。

绝大多数现代电梯都源于他的设计——但与他的展示不同的是，现在的电梯都安装在垂直通道内。尽管这样主要是为了方便，电梯的垂直通道大小合适，这种现代设计能提供最初的封闭驾驶室电梯所没有的安全性能吗？

答案见第176页

28
排水游戏

水上漂浮的船只需要排水,船的重量等于它所排出的水的重量。那么显然,将一艘船放进盛有一些水的水箱意味着水位将上升。因此如果你在船上放置一个吊锤,水箱的水位将继续上升。

如果你把船上的吊锤扔到水中,结果会怎样呢?水位将上升,下降还是保持不变?

答案见第 177 页

29
模拟现实

电影是一种美妙的娱乐,但我们不要忘记它只是模拟现实,并不是真实地复制现实。这种例子很多,我们挑一个简单的来说明。

电影中我们经常会看到不幸的角色从悬崖或高楼坠落的情节,并往往伴以一阵恐怖的尖叫声。随着人物的急速坠地,尖叫声随之减弱。这种声效处理合理吗?

答案见第 178 页

30
逻辑思维测试3

可以用下题来测试你的逻辑思维能力。

一批销售代表堵在去商务会议的路上。根据以下信息，你能说出动力工程公司销售什么产品吗？

C.A.F公司的总部在荷兰或葡萄牙，他们的销售代表正赶去法兰克福或巴黎。动力工程公司的销售代表正赶去巴塞罗那或布拉格。比利时公司销售设计师装备或遥控技术。电影摄像头公司是特里克科技公司或第三只眼公司，属于葡萄牙或比利时。销售保护装置的公司正派销售代表前往布拉格或法兰克福。去往格拉斯哥的代表销售遥控技术或皮革服饰。卡尔玛公司总部在葡萄牙或意大利，销售代表正去往巴塞罗那或法兰克福，公司销售保护装置或设计师装备。第三只眼公司的销售代表正赶往格拉斯哥或者法兰克福，公司销售电影摄像头或保护装置。有一个公司总部在丹麦。

公司	地点	目的地	销售的产品

答案见第179页

31
端坐

试着在椅子上坐直,后背挺直,小腿垂直地面,大腿放平。你会发现如果不移动双脚,身体不向前弯,你不可能站起来。试一下。你只有收回双脚,或者上身往前倾才能站起来。

为什么会这样呢?

答案见第 180 页

> 我们不能用产生问题时的思维方式去解决那些问题。
>
> ——阿尔伯特·爱因斯坦

32

赤脚温度

你有没有赤脚在冰冷的屋子里走过。如果有过这种经历，你可能会注意到在这种条件下，地毯踩起来要比瓷砖地板暖和些。

显然，即使地板各处温度一致，我们也会得出以上结论。我们为什么会感知到这种差异呢？

答案见第 181 页

33

密文3

请破译出下面文字中的一句名言。这句名言使用了简单的密码，有些晦涩难懂。

ERUSSERP EVAW FO NOITAIRAV A SA YN
OHPMYS NEVOHTEEB A DEBIRCSED UOY F
I SA GNINAEM TUOHTIW EB DLUOW TI E
SNES ON EKAM DLUOW TI TUB YLLACIFI
TNEICS GNIHTYREVE EBIRCSED OT ELBI
SSOP EB DLUOW TI

答案见第 181 页

34
落球

本题需要费一些脑筋。

想象你有两个完美的弹力球,一个比另一个大得多,重得多。将小球放在大球顶端,然后将两个球从一英尺高的地方下落到坚实的地板上。

小球会弹多高?

记住:动能 = [质量 × (速度 × 速度)] /2。

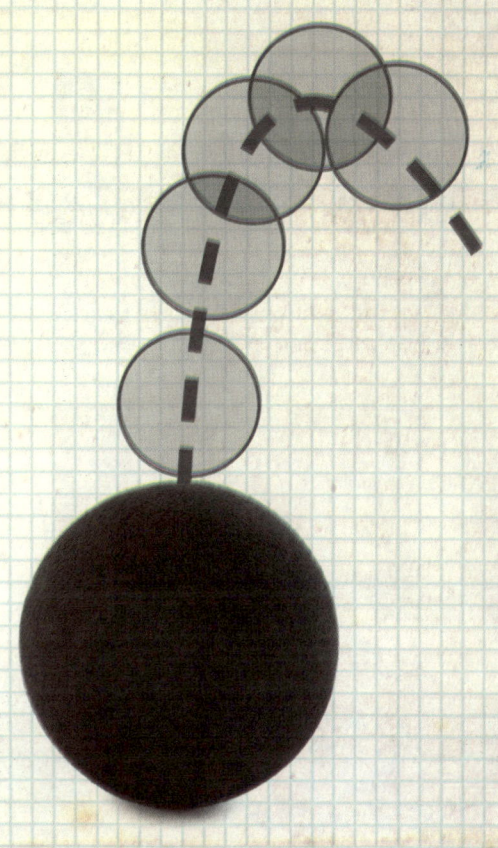

答案见第 182 页

35

钟摆

钟摆是非常简单却十分有趣的机器。将两个一模一样的钟摆悬挂在一个真空罐中,一旦摇摆起来它们将完全同步。如果加长其中一个钟摆,它的摇摆速度将减慢,落后于另一个钟摆。同样如果把钟摆变短,钟摆摇摆速度加快。

若两个钟摆的长度相同,将其中一个钟摆上的摆锤替换成大小相同但材质更轻的摆锤,结果会怎样呢?

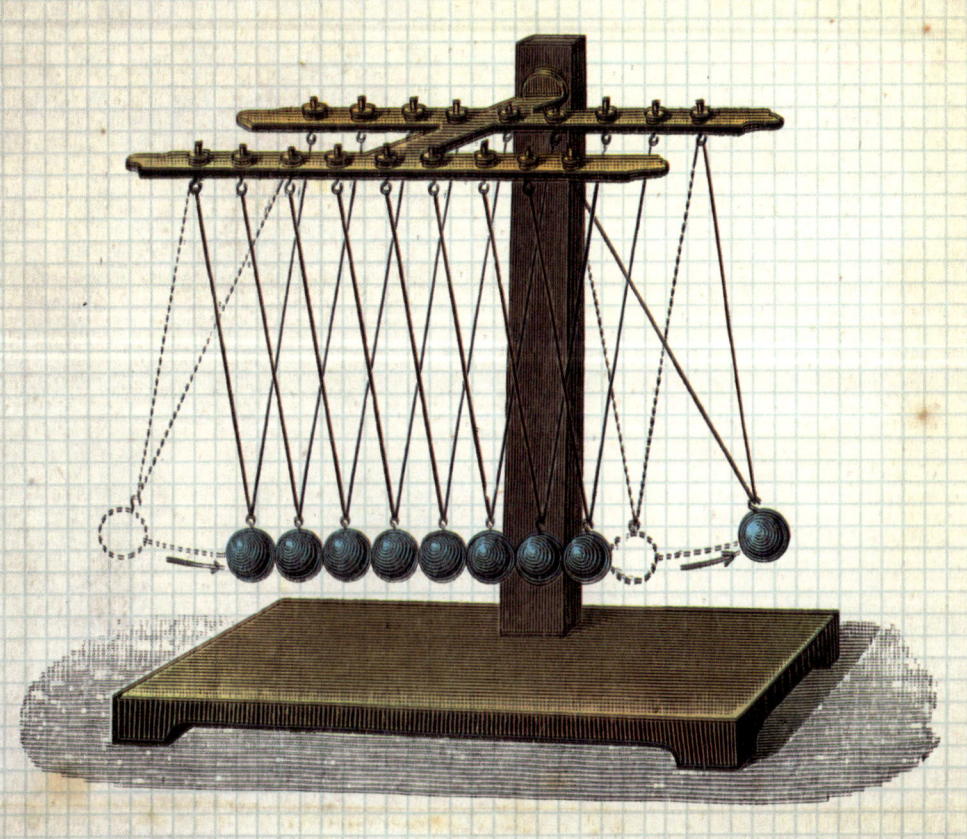

答案见第183页

36
逻辑问题3

请阅读下面的描述。假设它们在任何情况下都完全正确。根据以下描述回答后面的问题。

没有谁不梳头就去参加晚会。
邋遢的人没有魅力。
酗酒者没有自控力。
梳头的人有魅力。
没人戴白手套,除非要去参加晚会。
如果没有自控力,他就会邋遢不堪。

酗酒者戴白手套吗?

答案见第183页

37

费米的悖论

提到物理学天才恩里科·费米,人们都会记起他在午餐会上向洛斯阿拉莫斯国家实验室的同事提出的轻松的问题——"它们在哪里"。

我们可以看到数以百亿的星星,因此地球之外肯定有无数的外星人文明,其中许多存在于我们的银河系内。太阳是一个非常年轻的星体,我们的银河系中有些文明已经存在数十亿年了。它们为什么仍没有完全统治银河系呢?为什么我们没发现它们活动的证据呢?它们为什么不是每天活跃在星空呢?

宗教思想家和怀疑主义者都引用费米的悖论来证明地球之外没有生命。然而,这一悖论是建立在大量错误的假设基础上的。费米自己都只把这个问题当作放松气氛的闲聊。我们并没有证据显示不存在外星生命。

你能想到多少该悖论还未发现的假设?

答案见第 184 页

> 问题大小没有区别,因为所有涉及如何对待人们的问题都是一样的。
>
> ——阿尔伯特·爱因斯坦

38
溢水

这又是一个你可以轻松完成的实验。

将葡萄酒杯倒满水。取一些大头针,小心翼翼地将针尖朝下一个个慢慢地垂直放入杯中,松手任由它在水中漂浮。

酒杯的水是满的,在水溢出之前可以往水中放入多少根大头针呢?一个?两个?或许十个?为什么?

答案见第 185 页

39
地球引力

我们很难相信物体的重量不影响物体下落的速度。日常生活中较轻的物体下落的速度往往比较重的物体慢。我们很容易接住空中下落的纸张，但难以接住一杯咖啡。事实上，地球引力同时作用于物体的每一个分子，所以物体质量并不重要。物质的每一个微粒在下降的过程中都获得同样快的加速度。你可以举生活中的例子来说明这一原理吗？

答案见第 186 页

" 知识的唯一来源是经验。"

——阿尔伯特·爱因斯坦

40
逻辑思维测试4

你能解出下面这道逻辑题吗?

一群朋友在饭店吃饭,各自点了不同的主菜和配菜,每个人的菜价不同。请说出这顿饭谁吃得最贵。

安东尼娅点的比点鸭胸肉的朋友贵。点菠菜肉丁的朋友花的钱比点奶油韭菜(没有搭配牛肉里脊)的朋友少。要么露西尔点了牛肉里脊,伯特点了普罗旺斯烩菜,要么安东尼娅点了牛肉里脊,露西尔点了普罗旺斯烩菜。尼尔点了意式蘑菇饭,比点羊肉的朋友贵50便士。羊肉可能是卡尔文或安东尼娅点的。羊肉比烤五花肉贵。卡尔文或安东尼娅支付了25.5英镑,他们中有一人点了奶油韭菜。有人点了糖汁胡萝卜。没人点素餐。各人支付的费用分别为24英镑、24.5英镑、25英镑、25.5英镑、26英镑。

用餐者	主菜	配菜	消费金额

答案见第187页

41

弹珠

弹珠或许不是现在的小孩最喜欢的玩具,但它仍非常有趣好玩。

假设你有一袋弹珠,各弹珠大小相同。

请取出一颗弹珠放在平地板上,然后以该弹珠为中心,在其周围摆放弹珠。

请问:如果要保证周围的弹珠既与中心弹珠有接触,又要与地面有接触,你可以摆放多少颗弹珠?

答案见第 187 页

42
地底下

假设今天是 8 月第一天,你身处欧洲一处森林公园,那里空气怡人,阳光包围着你,温暖而舒适。

请问:你脚下 3 米是什么季节?

答案见第 188 页

43

逻辑问题4

请阅读下面的描述。假设它们在任何情况下都完全正确。根据以下假设回答后面的问题。

经常给妻子买礼物的丈夫不会难以相处。
办事有条不紊的丈夫往往按时回家吃晚饭。
把帽子挂在水龙头上的丈夫绝对没有好好接受妻子的教导。
接受妻子良好教导的丈夫会经常给妻子买礼物。
如果妻子不好好教导丈夫，丈夫就会难以相处。
只有做事没有章法的丈夫才会把帽子挂在水龙头上。

请问：接受妻子良好教导的丈夫会按时回家吃晚饭吗？

答案见第 188 页

44

吃人的鳄鱼

古希腊民间流传着一个有趣的谜题。

一只饥饿的鳄鱼在河边从一位毫无防备的母亲手里夺走了她的婴儿。母亲乞求鳄鱼把孩子安全还给她。由于不想在上帝的眼里留下残忍的印象，鳄鱼答应给孩子的母亲一个机会。它对孩子母亲说，"如果你能猜对你孩子的命运，我就把孩子还给你。否则我就要吃了他。"当然鳄鱼并不想归还婴儿。

母亲要说什么才能让鳄鱼将孩子安全送回呢？

答案见第 189 页

45
热金属

众所周知,金属遇热膨胀。根据金属和温度的不同,膨胀的程度也各不相同,但建筑工程师能证明,膨胀的程度差异很大:

假设圆形铁片中间有一个洞。将铁皮丢进火中。随着金属遇热膨胀,中间的洞会变大还是变小?

答案见第 189 页

46

火车之旅

　　动量犹如严厉的狱卒,必将粗心者送进因果关系的监狱。

　　假设有两列相向平行行驶的火车。火车 1 从城市 A 驶向城市 B,火车 2 从城市 B 驶向城市 A。

　　当两列火车擦肩而过时,火车 1 还剩 1 小时到达终点站城市 B,火车 2 速度较慢,还有 4 小时才能到达城市 A。假设火车速度不变,火车 1 比火车 2 快几倍?

答案见第 190 页

47
密文4

请破译出下面文字中的一句名言。这句名言使用了简单的密码,有些晦涩难懂。

```
UREBVFZ NG PBZZNAQ FRAFRYRFF OEHGNYVGL
QRCYBENOYR YBIR BS PBHAGEL NAQ NYY GUR YBNGUFBZR
ABAFRAFR GUNG TBRF OL GUR ANZR BS CNGEVBGVFZ UBJ
IVBYRAGYL V UNGR NYY GUVF UBJ QRFCVPNOYR NAQ
VTABOYR JNE VF V JBHYQ ENGURE OR GBEA GB FUERQF
GUNA OR CNEG BS FB ONFR NA NPGVBA VG VF ZL
PBAIVPGVBA GUNG XVYYVAT HAQRE GUR PYBNX BS JNE
VF ABGUVAT OHG NA NPG BS ZHEQRE
```

答案见第190页

48
力量

不借用任何工具,如杠杆,你能说出人体能进行的最有力的常规运动是什么?

答案见第191页

第三章

"伟大的灵魂往往会遭到平庸之辈的反对。他们拒绝盲目遵循传统偏见,选择大胆真实地表达意见。而这是平庸之辈无法理解的。"

——阿尔伯特·爱因斯坦

49

魔方

德国艺术家阿尔布雷特·丢勒对于文艺复兴传播到北欧起到了关键的作用，他为艺术理论做出了巨大的贡献。在他最著名最高深的作品之一《梅伦科利亚一世》中，他在显眼的位置画了一个魔方。见下表。

这是魔方的最佳例子，非常复杂。像绝大多数魔方一样，该魔方水平方向、垂直方向和对角线各行上的数字相加得出的总和相等，即34。但我们还可以通过其他方法得出总和34。

将阿尔布雷特·丢勒魔方上的数字分成四个一组，每组数字相加总和为34。你还可以找到多少种不同的方法？

16	3	2	13
5	10	11	8
9	6	7	12
4	15	14	1

答案见第194页

50
银制的茶匙

通常将热茶倒入玻璃杯时我们首先会在杯中放置一把茶匙。勺子最好是银制品。

为什么要往玻璃杯中放一把银制茶匙呢?

答案见第 195 页

51
逻辑思维测试5

可以用下题来测试你的逻辑思维能力。

几个人在不同城市参观画廊,寻找不同流派的艺术作品,但每个人都对他们自己惯常偏好之外的作品印象深刻。根据以下信息,请说出詹姆斯对哪位艺术家的作品印象深刻。

寻找城市风光的人去了多伦多的画廊,她不是卡拉也不是皮帕。牛津画廊的人对纽曼的作品印象深刻,他不是亚当,亚当在寻找前拉斐尔派的作品。去马德里画廊的人对哈林的作品印象深刻。塞巴斯蒂安在寻找光效应艺术,纽曼的作品没有给他留下深刻印象。喜欢巴克作品的人不是詹姆斯也不是塞巴斯蒂安。寻找立体派作品的人没有去纽约。卡拉喜欢赖利的作品,她没有寻找新古典主义作品。有一人喜欢罗塞的作品,一人去了法兰克福的画廊。

人名	去往的城市	寻找的作品	喜欢的作品

答案见第 195 页

52
洗澡

我们知道,物体遇热膨胀。我们可能也发现洗了热水澡后很难穿上靴子或硬邦邦的鞋子。这是因为遇热后的膨胀使脚上的细胞变大了吗?

答案见第 196 页

53
概率悖论

概率问题有一些小窍门,尤其涉及群体中的相互关系时。生日问题更是如此。现已知任意挑出 367 个人,其中两人同一天生日(包括 2 月 29 日)的概率为 100%。那么为了两人同一天生日的概率达到 99%,你需要从中挑出多少人?概率为 50% 呢?

答案见第 197 页

> 老师的最高境界是唤醒学生对创造性思维和知识的乐趣。

——阿尔伯特·爱因斯坦

54
逻辑问题5

请阅读下面的描述。假设它们在任何情况下都完全正确。根据以下描述回答后面的问题。

漂亮的东西可放在主卧。
用盐裹住的东西都不会很干燥。
除非很干燥,否则不应放在主卧。
折叠式躺椅通常放在海边。
珍珠母贝壳制作的东西不可能丑。
放在海边的东西都裹上了一层盐。

折叠式躺椅是由珍珠母贝壳做的吗?

答案见第 197 页

55

暮光

如果天公作美,我们经常可以看到太阳光冲破山脉、云层等阻碍,划破天际。它们从阻碍物后面向四周散开。这种光线被气象学家称为"曙暮光"。

光线穿过地球大气层时是平行的,每一束光都向同一方向移动。那么云层中的洞或山峰如何能使它们分散开来呢?

答案见第 198 页

> 如果 A 代表生活中的成功,那么 A=X+Y+Z。其中 X 指工作,Y 指娱乐,Z 指闭嘴。
>
> —— 阿尔伯特·爱因斯坦

56
沸腾状态

你注意过水壶中水烧开沸腾的状态吗？尽管在现代生活非常常见，这可能不是特别有趣，但这个过程却是个奇迹。尤其有趣的是沸腾过程中的声音模式。开始听的时候，水壶很安静。但是很快我们就听到微弱的噼啪声，然后是嘶嘶声。随着时间的推进，声音越来越大，变成明显的噗噗声。噗噗声越来越大，但接着突然停止。稍后一壶水全部烧开。

为什么声音突然停止？

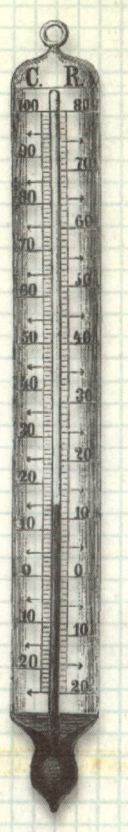

答案见第 199 页

57
逻辑思维测试6

你能解出这道逻辑题吗?

5个人围成一圈,正在编织不同的织物,编织的目的和毛线颜色各不相同。你能说出哪件织品由靛蓝色毛线织成吗?

用红色毛线的人编织的是袜子,但她不是为丈夫或恋人织的。用蓝色毛线的人是为朋友织的,但她织的不是毯子。有一人在织毛衣。拉德卡用的不是灰色毛线,也不是为邻居编织。有一人用的是靛蓝色毛线。克里斯汀用的是淡紫色毛线,但她不是为邻居编织——她的邻居正在编织围巾。霍普没有用灰色毛线。埃博妮要送她的侄女一件礼物。德尔默在织帽子,但不是给她的丈夫。

人名	毛线颜色	织物	目的

答案见第199页

58
魔术师

想想魔术师的诡计。你坐在观众席上观看魔术表演。她向你展示一张木桌,桌上桌下什么也没有。然后她两手一挥,将一个空盒子打开倒放在桌上。她的手再一挥,助理的头出现了,胡子浓密,助理一边朝观众咧嘴笑,一边回答魔术师的问题。

利用本书讲过的原理可以很容易解开这个魔术。你知道吗?

答案见第 200 页

59

晒痕

在海滨沙滩和在自家花园里进行阳光浴差别很大。这看上去似乎有违常理。即使你家花园就在前面说的海滨边上,即使你不下水,事实确实如此。你知道为什么吗?

答案见第 201 页

60
密文5

请破译出下面文字中的一句名言。这句名言使用了简单的密码，有些晦涩难懂。

GSV NLHG YVZFGRUFO GSRMT DV XZM VCKVIRVMXV
RH GSV NBHGVIRLFH RG RH GSV HLFIXV LU ZOO
GIFV ZIG ZMW ZOO HXRVMXV SV GL DSLN GSRH
VNLGRLM RH Z HGIZMTVI DSL XZM ML OLMTVI
KZFHV GL DLMWVI ZMW HGZMW IZKG RM ZDV
RH ZH TLLW ZH WVZW SRH VBVH ZIV XOLHVW

答案见第 202 页

61
囚徒困境

囚徒困境源自博弈论，是最有趣的思维实验之一。自创作以来吸引了无数的思考和讨论。

两名罪犯被分开审讯，警察给了他们同样的政策——如果一方作对对方不利的证明，可获无罪释放，对方判处有期徒刑 10 年。如果双方都作对对方不利的证明，两人都将判处有期徒刑 5 年。如果双方都抵赖，双方判处有期徒刑 6 个月。

两囚徒之间不能沟通。他们不是好朋友关系，不知道对方会作何选择——但他们都不讨厌对方，宁愿判处最短刑期。

如果你是囚犯中的一员，你会怎么做？

答案见第 202 页

62
灯光

以前在电灯不方便的情况下,矿工采用的照明方式非常特别,他们使用的戴维安全灯,是外部用网格包住的油灯。如果矿工进入低氧区域,油灯就会熄灭。更重要的是,如果遇到易燃气体,戴维安全灯也不会发生爆炸——不像普通的灯。

这是为什么?

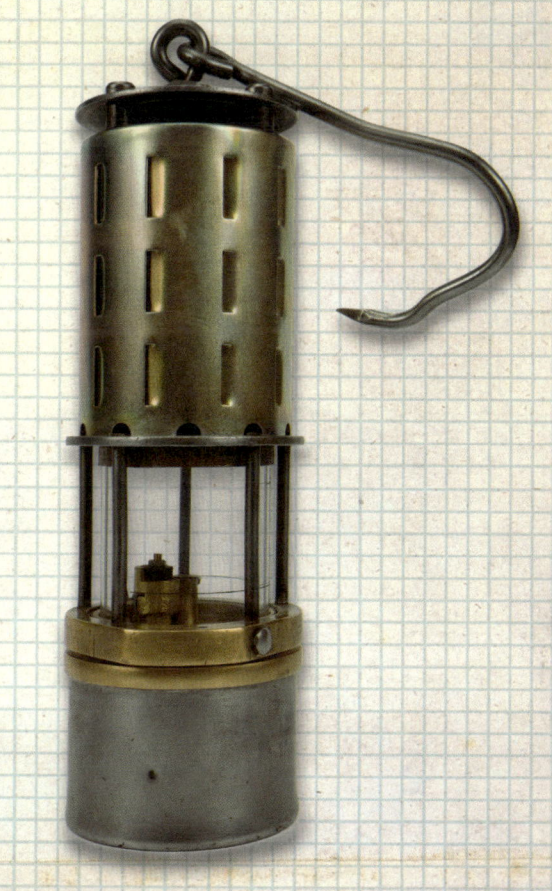

答案见第 203 页

63
逻辑问题6

请阅读下面的描述。假设它们在任何情况下都完全正确。根据以下描述回答后面的问题。

如果罗宾逊对我友善,我没有一天是倒霉的。
周三通常是阴天。
人们一带上伞,天就下雨。
罗宾逊只有周三对我不友好。
下雨时人人都带伞。
我的幸运日永远是晴天。

请问:下雨天是阴天吗?

答案见第203页

64
字母序列游戏1

  模式匹配是人类拥有的最伟大的技巧之一。当遇到新事物，我们就会根据颜色、形状、材料、背景、气味、声音等将它归类，然后确定怎么解决。一旦初步数据转为标签，我们就会将这套完整的标签与其他标签进行匹配，从而确定最佳匹配。人类这种模式辨认技术非常高超，在某些视觉处理任务中甚至超过计算机。

  这个序列游戏测试的是你的数据模式匹配能力。以下字母排列顺序有一定的规律。你能找出其中的规律，并指出下一个字母是什么吗？

T F S E T T F …

ABCDEFG
HIJKLMN
OPQRSTU
VWXYZ

答案见第 204 页

65
阳光2

想象今天是一个寒冷的冬日,阳光明媚,但地上白雪皑皑。你站在室外一块空地上,手里拿着几块方布——布块大小相同,上面染着彩虹色和黑白色。受好奇心驱使,你将布块放在雪上,排成一排,各不相连,然后走了。布块被阳光照射几小时后,你返回到雪地上。你希望看到什么?

答案见第 204 页

> 问题没有大小区别,因为所有涉及人的问题都是一样的。
>
> ——阿尔伯特·爱因斯坦

66
自行车车轮

现代的自行车都有两个同等大小的车轮。但是如果你在自行车的前轮和后轮绑上计数器测量车轮转动的圈数，你会发现使用几周之后前轮转动的圈数多于后轮。

为什么是这样呢？

答案见第 206 页

67

逻辑思维测试7

可以用下题来测试你的逻辑思维能力。

5人为妻子买了生日礼物。根据以下信息,你能说出收到皮衣的女士结婚多久了吗?

其中一个丈夫名叫伦恩。5对夫妇中,伦道夫和尤妮斯在一人买项链前刚好结婚。梅塞德斯买了一本书。一对夫妇结婚已经7年,另一对刚好3年。买手链的男子和妻子已结婚16年,他不叫杰弗里。迈克尔买的是皮衣。特勒尔结婚14年了,但妻子不是安妮塔。伊莉莎已结婚5年。厄玛的礼物不是项链,也不是内衣,她的丈夫不是迈克尔。

丈夫姓名	妻子姓名	结婚时长	礼物

答案见第207页

68
沙漏

设想一下,如果将沙漏倒过来,沙子将会流到底部的区间。下落的沙子显然是自由落体。这是否意味着这个沙漏变轻了呢?

答案见第 207 页

69
硬币挑战

这又是一个你可以很容易向朋友展示的有趣游戏。取一个大盘，放入一枚薄薄的硬币，最好不要放在中央位置。然后向盘中倒水，直到盖住整个硬币。现在面临的挑战是徒手将盘中的硬币捞出，不准弄湿手，不准移动或倾斜盘子。

你知道怎么做吗？

答案见第 208 页

70

逻辑问题7

请阅读下面的描述。假设它们在任何情况下都完全正确。根据以下描述回答后面的问题。

鲨鱼一直都很美。
不能跳跃一分钟的鱼令人讨厌。
只有长有三排牙齿的鱼才美。
除了鲨鱼,其他的鱼对小孩子都很友好。
任何体重大的鱼都跳跃不了一分钟。
有三排牙齿的鱼不讨厌。

请问:体重大的鱼对小孩友好吗?

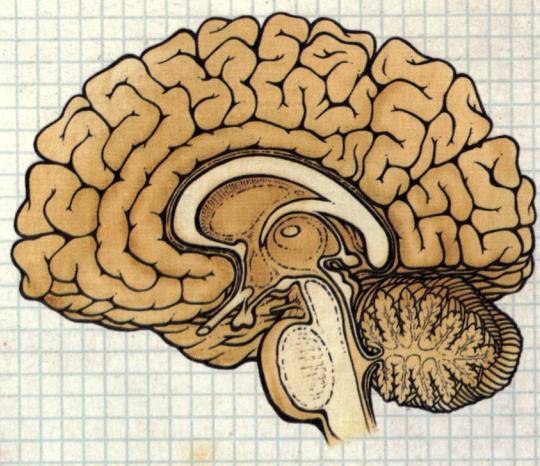

答案见第 209 页

71

乌鸦

这是一道演绎推理题。杰出的逻辑学家卡尔·亨佩尔根据逻辑演绎提出了一个奇怪的悖论。如下：

假设所有乌鸦都是黑色的。这就表明非黑色的东西不是乌鸦。这从我的宠物乌鸦（名叫绝不）可以看出来，它是黑色的。这个苹果是绿色的，它不是乌鸦。这也证明了以上的观点。

因此看到一个青苹果证明所有乌鸦都是黑色的。

这个逻辑推理有什么问题？

答案见第 209 页

72
流星

如果你经常夜晚观察星空,你会发现,与黄昏至午夜这个时间段相比,午夜至黎明期间更容易看到流星。你认为这是什么原因呢?

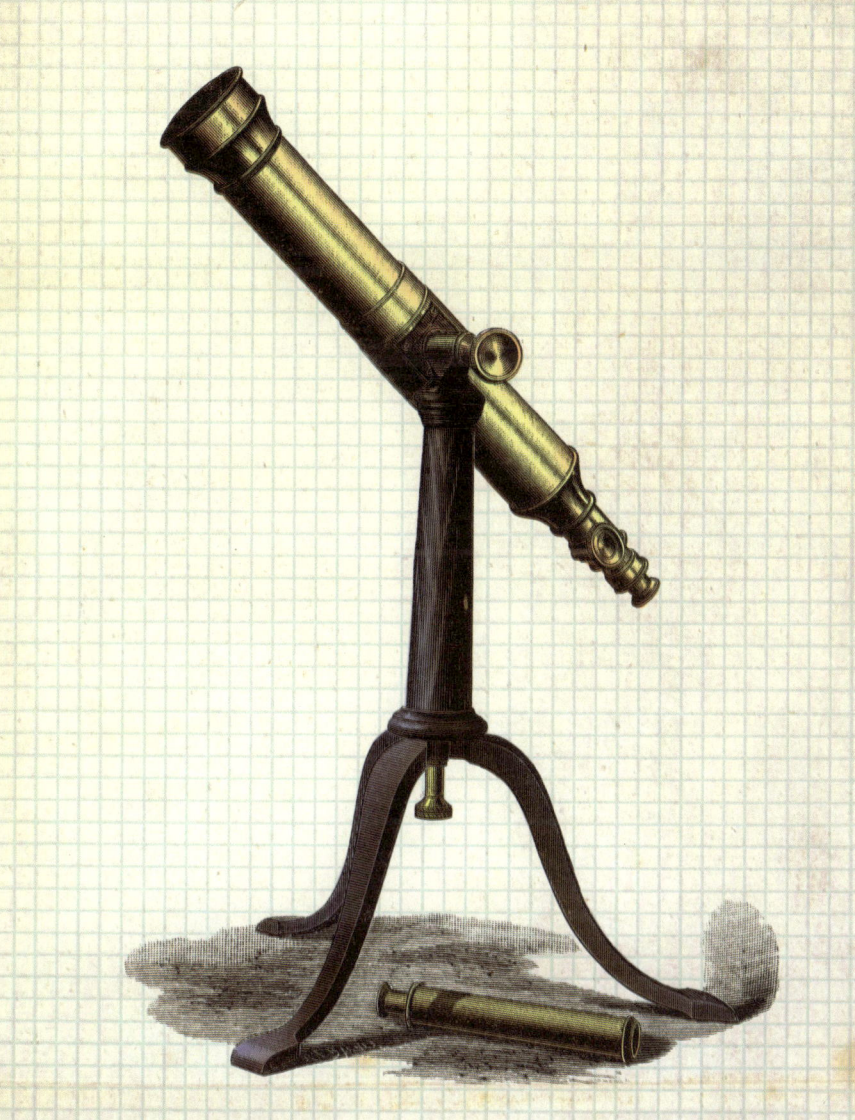

答案见第 210 页

73
简单题

这个问题言简意赅。
4/4 超过 3/4 几分之几?

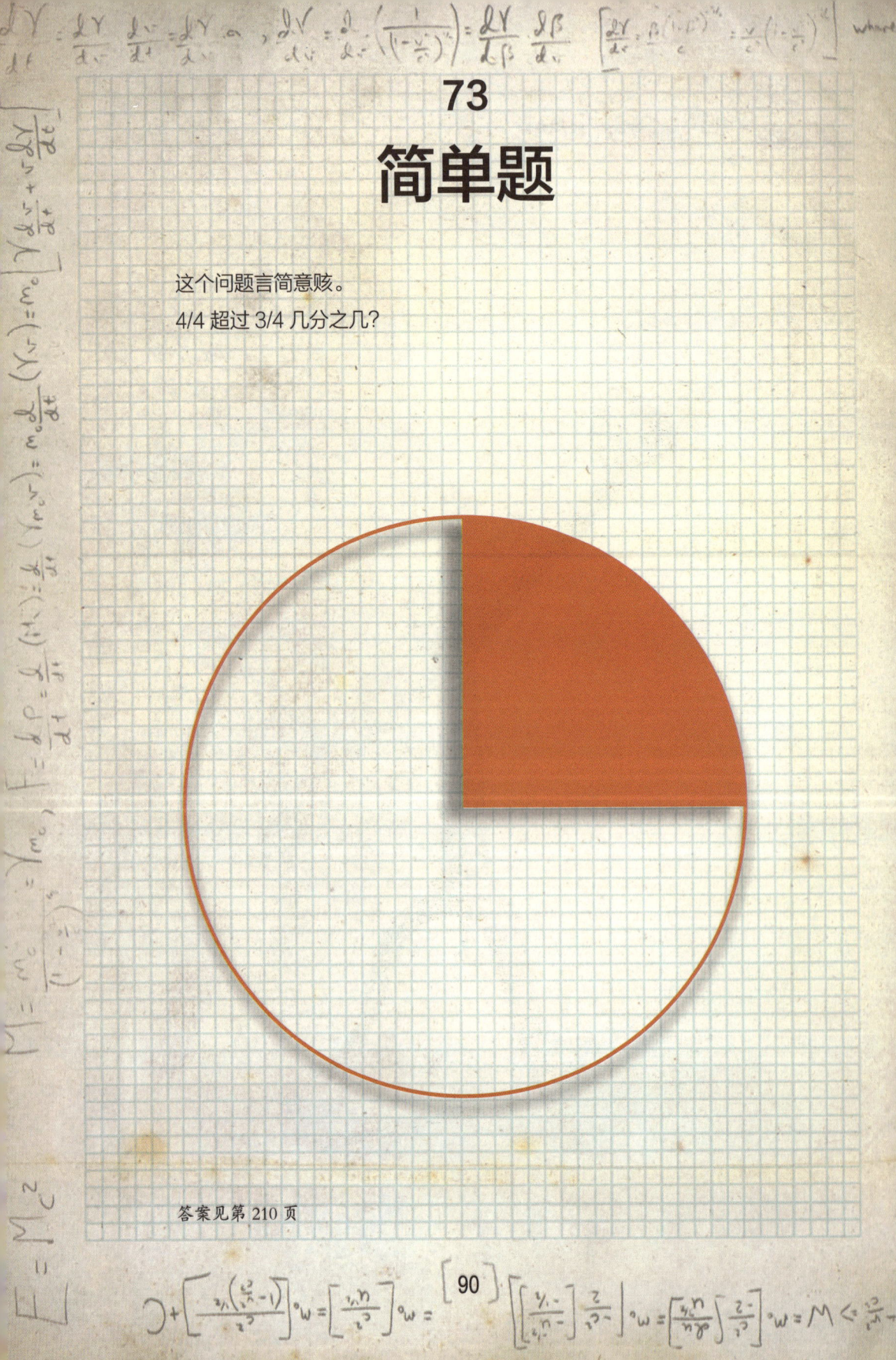

答案见第 210 页

74
密文6

请破译出下面文字中的一句名言。这句名言使用了简单的密码，有些晦涩难懂。

```
HIQJHI UXJPBW FYDRQJ QJRKWV ETHIFY UXHIDR
WVHIGU RKUXGU HIVCWV UXRKBW HIGULS WVFYDR
QJRKQJ OGBWET HIFYKA DRQJJP HIGUIO UXRKPH
RKQJHI IORKUX PHWVRK DRQJRK WVKAHI UXXYXY
```

答案见第 211 页

75
假想的小行星

假设有一天人类能够清空一个小行星,将它建成一个空间站。现在我们,假设这颗行星是一个完美无瑕的非旋转球体,外层很厚。

在没有万有引力的情况下,行星内发射的物体是向行星中心移动,还是向外壳最近的点移动,或者是待在原地不动?

答案见第 211 页

76
飞行的苍蝇

相遇问题：假设两列火车在同一个轨道上相向而行。距离 100 千米，两列火车运行的速度均为 50 千米/时。这时，一只苍蝇以 75 千米/时的惊人速度从其中一列火车窗户飞出，径直飞入另一列火车。苍蝇一飞进火车就调转方向。苍蝇不停地改变方向直到两列火车相撞。

这只苍蝇飞了多远？

答案见第 212 页

> 显然，我们的技术已经远远超过了我们的人性。
>
> ——阿尔伯特·爱因斯坦

77
烟雾

如果你点燃一根未过滤的香烟,将它放在火柴盒或类似的小物件上——现代社会这种东西可能有点难找——你会发现烟雾从两头冒出来。但是一头的烟雾往上走,另一头的烟雾往下走。这是为什么?

答案见第 212 页

78
逻辑思维测试8

可以用它来测试你的逻辑思维能力。

一群司机正在送货。你能说出牛肉送往哪个城市吗?

灰色的卡车正开往剑桥。白色卡车正运送着货物。蓝色卡车运送的是牛奶盒,但司机不是詹姆斯,也不是德尔默。奥马尔运送面粉,但不是送往伯明翰。开往曼彻斯特的卡车司机不是克里丝塔,也不是奥马尔。一辆卡车正开往约克。开往伯明翰的卡车是绿色的,运送的不是苹果(苹果由艾萨克运送)。红色卡车运送的不是牛肉。詹姆斯正开往安多弗,他运送的不是大米。

司机	货物	城市	卡车颜色

答案见第 213 页

第四章

> "我在生活中是个典型的不合群的人,但我属于追求真理、美和正义的群体。这种归属感让我倍感幸福。"
> ——阿尔伯特·爱因斯坦

79

冷却

我们把各种原料倒入碗中搅拌，是因为这种无缝混合使搅拌更充分均匀。很多锁头都是顺时针旋转，是因为这更适合右撇子——生活中绝大多数人都是右撇子。加热炖锅时，我们把锅直接放在火上，而不是离火一定距离的火源上方或旁边，因为这是传热的最佳方式。那么冷却要怎么做呢？假设你要用一大块冰冷却一个封闭的金属盒，你不想把冰弄成小块。冷却该盒子最有效的方法是什么？

答案见第 216 页

80
针尖

这是一个非常奇异的现象。将一块布料分成宽度为 r 的平行布条,缝合好备用。收集一组长 r 的针,随意投到缝合好的布料条上(不是一根根仔细摆好)。计算出 *pi*。(你也可以采用长度不等于布条宽度的针,但计算会更复杂。)

具体来说,*pi*=2× 投放的针的数量/针穿过布条缝合处的数量。换句话说,针落在布条缝合处的概率为 2/*pi*。

pi 是怎么计算出来的?

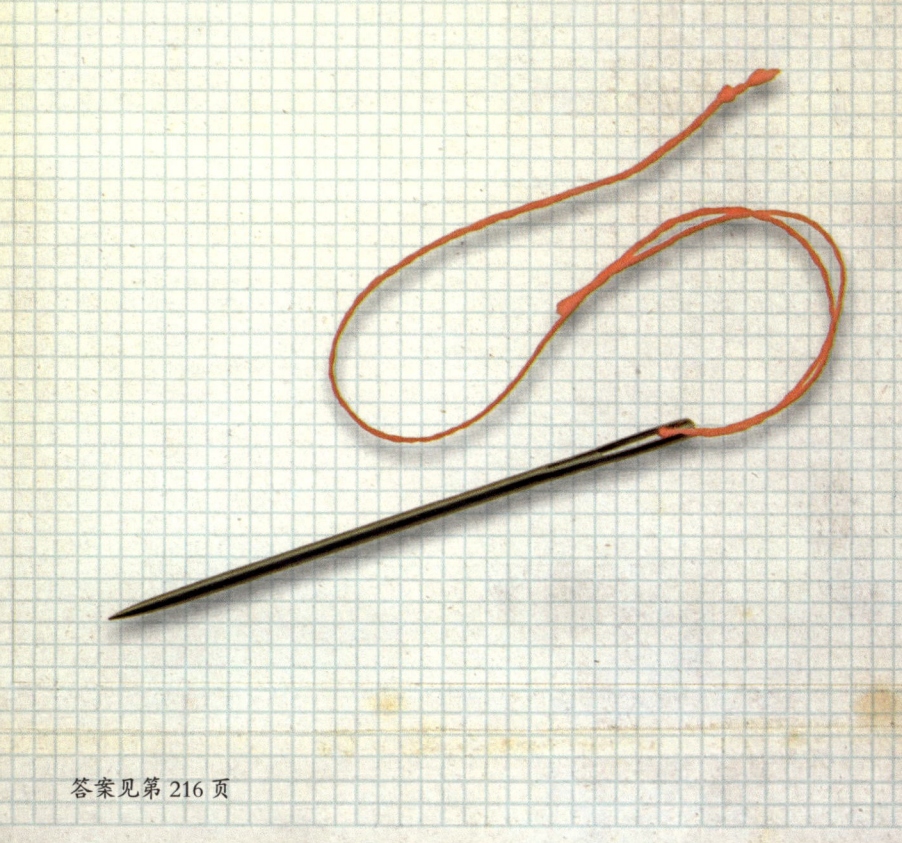

答案见第 216 页

81

逻辑问题8

请阅读下面的描述。假设它们在任何情况下都完全正确。根据以下描述,回答后面的问题。

除了贴身男仆,所有人至少有些常识。
靠糖果度日的人就是个婴儿。
只有玩跳房子游戏的人才知道真正的幸福是什么。
婴儿没有任何常识。
司机从不玩跳房子游戏。
贴身男仆知道什么是真正的幸福。

司机靠糖果度日吗?

答案见第 216 页

82
水位上升

漂浮力学中有很多令人着迷的知识。从阿基米德在浴缸里找到希罗王王冠所含黄金纯度的计算方法到人类能够将潜水艇开到地球最深处马里亚纳海沟,再到毫发无损地返航,我们经历了太长的时间。在离地面 11 千米的马里亚纳海沟底部,水压出奇的大,比大气压大 1000 倍。地球表面每平方英寸的力为 16000 磅(1 磅 =0.454 千克)。

我们现在来看看浅一些的水域。设想游泳池里漂浮着一艘小船。你站在泳池的一边。你可以往船上扔砖块(船不会沉没),或者直接扔到泳池。

哪种方法可以使泳池的水位上升更多?

答案见第 217 页

> 凡事应尽可能简单,而不是比较简单。
>
> ——阿尔伯特·爱因斯坦

83
水桶

假设你有一个大水桶。水桶上端是敞开的,里面有水。看上去大概是半桶水。不借用任何工具,你能计算出桶里的水是超过一半还是少于一半吗?

答案见第 217 页

84
攀爬的猩猩

想象车轮上挂着一根粗细均匀的绳子（重量忽略不计），绳子可以自由滑动。绳子左边挂了一个哑铃，重达 10 千克。另一边挂着一只同等重量的小猩猩。

当你发出信号，猩猩就开始往绳子上爬。你认为猩猩和哑铃之间，谁先到达顶端？

答案见第 218 页

85

逻辑思维测试9

可以用它来测试你的逻辑思维能力。

几位女士由于不同目的坐出租车穿过纽约。根据以下信息，你能说出客户回访发生在哪里吗？

凯思琳坐出租车的费用超过进行财产调查的女士。安妮或凯思琳出去拜访客户，比去参加董事会的女士多花5美元。去中央公园女士的车费少于去中央车站的女士，她去中央车站不是为了摄影。有一位女士去的是自由女神岛。或者弗吉尼亚去索和区，凯思琳去完成拍摄，或者罗宾去索和区，弗吉尼亚去拍摄。车费分别是60美元、65美元、70美元、75美元和80美元。玛塞拉去的是第54大道和列克星敦，她比去拜访客户的女士多支付5美元。凯思琳或安妮去发掘人才，支付了75美元车费。

人名	目的地	目的	车费

答案见第218页

86
冷风

寒冷的一天,你注意到即使关紧了窗户,玻璃完好无损,还是有一股冷风吹进来,这种情况很正常,窗户没问题,玻璃也没问题。你能说出为什么吗?

答案见第 219 页

> 不用担心你在数学方面遇到的困难。我可以向你保证我遇到的困难比你还大。
>
> ——阿尔伯特·爱因斯坦

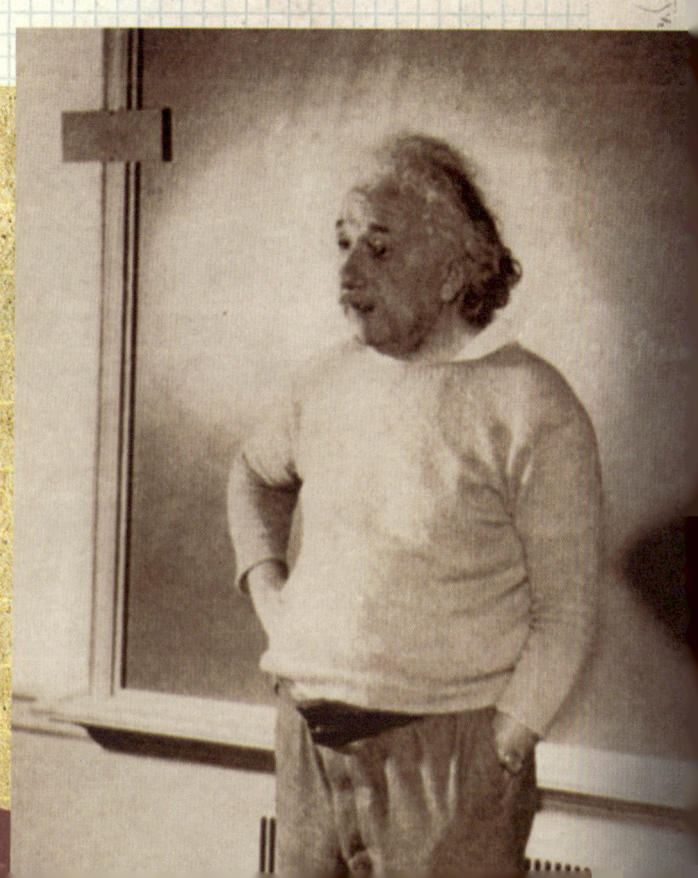

> 为什么没人理解我,却每个人都喜欢我呢?
>
> ——阿尔伯特·爱因斯坦

87

盐

很长一段时间,各家都习惯在盐瓶或盐碟中放几粒米。这样做不是为了改变盐的味道,这个米也不会再用来吃。即使有时米掉到菜里了,也会把它挑出来丢掉。因此,很显然,加米不是为了调节味道,也不是为了好看。那么这是为了什么呢?

答案见第 220 页

88
密文7

请破译出下面文字中的一句名言。这句名言使用了简单的密码,有些晦涩难懂。

```
YWZZO OHXQF UWZBN HBNHX ADQUK VVLIY
EUKRG TQDQF ORGZO LBNRG EXATZ AOLVO
RSOSE NWHXQ TDRGU HKHXG ERLVV RLDQS
UHSHR LGLVQ EFWZH SXGRE OWBNW FZKIH
TXWZK HILVQ EFJUV GLBNR AGXTG MRLVG
ERQFW AZGRR NGWZK DIDQQ TFEWB HNWZK
EIHXR NGQFH YXVLB ONRGX UTGRL HVGRV
ALRGW VZKIU EKRGZ TORGI OYIYW PZKIH
LXEWR AGZOO YSLVQ BFHXV ELVLD TQLVO
TSDQZ EODQB RNIYU TZZNK HYVNJ ADIIQ
NOKNC AEDVN NQRRG YDPYL BRSHY OZIQW
DPCWW YUZGH EHYSW LDRVW SCRZW EAGFX
```

答案见第 220 页

89
芝诺的二分说悖论

希腊哲学家埃利亚学派的芝诺根据他的二分法悖论指出,运动是不可能的。因为任何运动的物体在到达目的地前必须到达其半路上的点,若假设空间无限可分,则有限距离包括无穷多点,于是运动的物体会在有限时间内经过无限多点。

显然,运动是可能的,这个二分法中有一个逻辑错误。你知道是什么吗?

答案见第221页

90
瓶中的鸡蛋

我们可以将一个新鲜的带壳鸡蛋放入瓶颈比鸡蛋还小的瓶中。瓶子是普通的瓶子,鸡蛋也是普通的鸡蛋。这是怎么做到的呢?

答案见第 223 页

91
逻辑问题9

请阅读下面的描述。假设它们在任何情况下都完全正确。根据以下描述回答后面的问题。

我相信我的每一只动物。
狗爱啃骨头。
我不让任何动物进我的书房，除非它们按要求向我乞求。
院子里的所有动物都是我的。
我允许我信任的所有动物进入我的书房。
按要求愿意乞求的唯一动物是狗。

院子里的所有动物都爱啃骨头吗？

答案见第 224 页

92
伯特兰的箱子

　　约瑟夫·伯特兰是19世纪法国数学家,他提出了伯特兰箱子悖论。悖论的前提很简单。假设你有3个一模一样的箱子。每个箱子里面放有2个同样形状的硬币,但一个箱子里的两枚硬币是金币,另一个箱子中两枚都是银币,第三只箱子中有一枚金币,一枚银币。

　　将箱子随意放置,从其中任意一个箱子中拿出一枚硬币,掏出的是金币。请说出同一箱子中另一枚硬币也是金币的概率。

答案见第 224 页

> 只有两种东西不确定,宇宙和人类的愚蠢,我不太确定前者。
>
> ——阿尔伯特·爱因斯坦

93
温暖的感觉

将体温计裹在厚厚的羊毛外套里,过一阵后体温计不会变热。但如果你裹上同一件羊毛外套,你马上就会觉得暖和。这是为什么呢?

答案见第 225 页

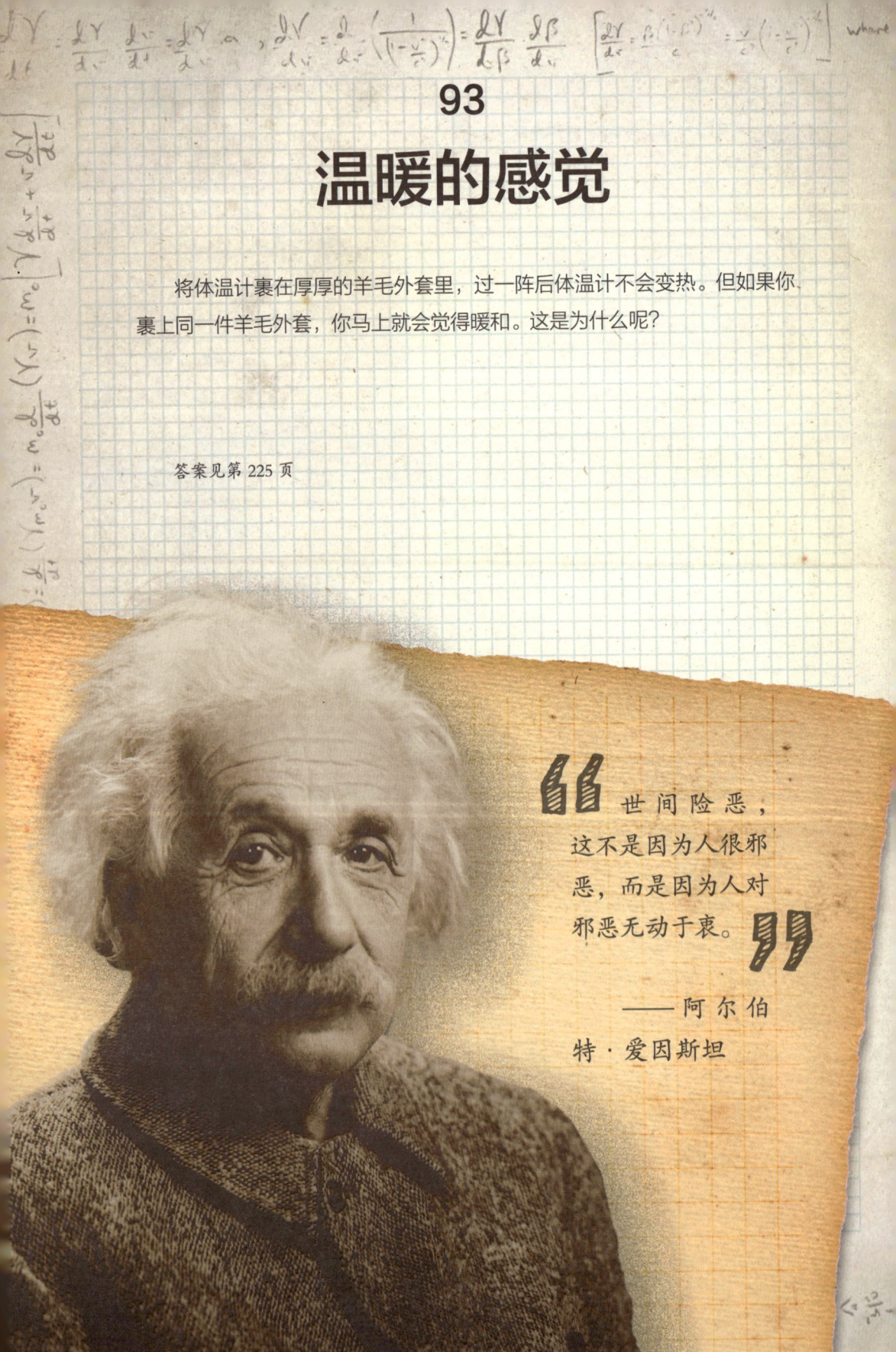

> 世间险恶,这不是因为人很邪恶,而是因为人对邪恶无动于衷。
>
> —— 阿尔伯特·爱因斯坦

94
明暗对照

假设现在是傍晚,你在一条直直的街道上行走,孤独的灯光洒落在地面。经过街灯时,你的影子出现在你的前面,你很容易看清楚。如果街灯比你高1倍,与你的速度相比,你的影子顶部移动的速度是多少?

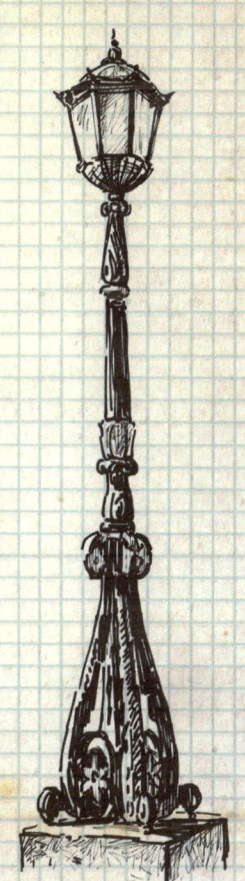

答案见第 225 页

逻辑思维测试10

可以用它来测试你的逻辑思维能力。

5人跟随一群伙伴进行长途旅行。根据下面信息，你能说出谁去了南极洲，同伴是谁吗？

泰勒和同事或父母亲中的一个去毛里求斯或日本。费利西亚和一个堂兄妹或朋友去度假。阿根廷人的目的地是农家乐或城市。别墅在日本或阿根廷，林德赛或洛丽会去那里。有人带朋友或同事去往偏远贸易基地。住在酒店或农家乐的人是带着一个兄弟姐妹去的。尤兰达带着一个堂兄妹或同事去的日本或冰岛，住在贸易基地或城市。洛丽住在贸易基地或别墅，她带着一个兄弟姐妹或同事去的。

人名	地点	目的地	同伴

答案见第226页

96
高尔夫球

说到高尔夫球，我们就会想到颜色明亮的小球，球表面有许多小凹点，外层为坚硬的聚氨酯。球面小凹点是 1905 年首次加上的。高尔夫球制作材料不断地更新换代，19 世纪中期之前，高尔夫球都是由圆形皮革包裹着煮过的羽毛制成。1848 年这种材质遭淘汰，帕特森博士发现人心果树的树汁加热后可以做成弹力球。他的这一"大胆尝试"很快取代了旧式的"羽毛球"。但直到 20 世纪，选手们发现，同样大小的球，带凹点的球运行的距离是不带凹点的球的 4 倍。由此高尔夫球上带凹点就成了标准。

为什么凹点可以使球的运行距离产生这么大的区别呢？

答案见第 226 页

" 疯狂是指不断地做同一件事，期待得到不同的结果。"

——阿尔伯特·爱因斯坦

97
跳车

首先需要说的是，我们永远不要尝试跳离正在开动的车。结果可能是致命性的，如果有其他办法，尽量不跳车。

假设迫不得已，你必须从正按正常速度行驶的汽车上跳下来。假设路边没有护栏、树、行人或其他障碍的干扰，朝哪个方向跳最佳？

答案见第 227 页

98
逻辑问题10

请阅读下面的描述。假设它们在任何情况下都完全正确。根据以下描述回答后面的问题。

如果不注意,动物往往会受到致命的攻击。
唯一属于我的动物在那片田地里。
没有动物能解答难题,除非在学校接受了正规的训练。
那片田地里没有獾。
当动物受到致命攻击,它往往会四处冲撞乱叫。
我从不关注不属于我的动物。
在学校接受过正规训练的动物绝不会四处冲撞乱叫。

獾能解答难题吗?

答案见第228页

99
芝诺的体育馆

在另一个悖论思维训练中,芝诺提出以下情况。10 位跑步者,排成两排,每排 5 人,都以同样的速度围绕跑道跑步。一排按顺时针跑,另一排按逆时针跑。5 个裁判站成一排,静静地观察他们。5 人一排的队伍长度相同。

两排跑步者在经过裁判时相遇。在顺时针跑步的第一个选手经过整排逆时针选手时,逆时针选手的第一个选手刚好经过裁判排的中间点。但是如前面所述,两排选手跑步速度相同。

芝诺指出,这意味着尽管选手们跑步的速度相同,逆时针跑的选手需要多跑长一倍的距离才能等于顺时针选手的距离。这是不可能的,他因此得出结论认为,时间是虚幻的。

他的论断有问题吗?

答案见第 229 页

100
气泡

尽情发挥我们的想象吧。想象我们熟悉的宇宙已彻底被毁。在浩瀚无穷的太空中,只剩下两个同等大小、相距甚远的球体,里面装满了水。由于太空中不存在其他物质,这两个球体由于各自的引力将对方拉向自己。这个过程惊人的缓慢,但最终两个球体将聚到一起。现在换一个场景。假设在浩瀚无穷的宇宙充满了密度相等的纯净水,除了两个装有新鲜空气,但相距甚远的气泡之外,宇宙中别无其他。那么这两个气泡将如何运动?

答案见第 229 页

101
完美的椭圆

　　我们现在可以瞬间画出一个完美的几何圆形,使古代工匠羡慕不已。我们所知道的最早的圆规来自努拉吉民族——公元前1500年意大利撒丁岛青铜器时代的文明社会。3500年后,完美的圆形可在瞬间完成。你只需准备好一张纸和一副圆规。

　　使用相同的工具,你如何画出一个几何椭圆?

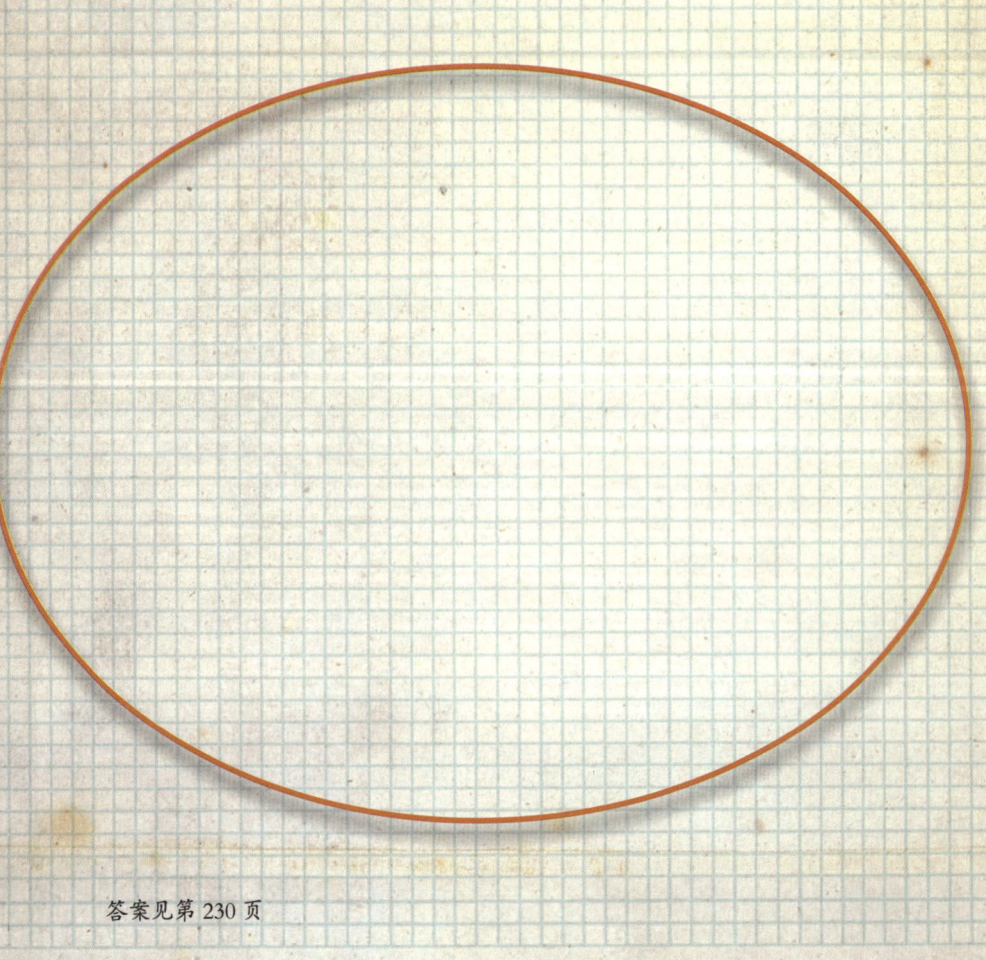

答案见第230页

102
密文8

请破译出下面文字中的一句名言。这句名言使用了简单的密码,有些晦涩难懂。

```
96472  85697  66953  12949  27917
96455  13335  11633  75941  57593
33319  44511  17594  15154  69153
55933  45331  95451  39298  55662
85569  34186  33447  28569  77964
53529  35691  53559  33117  28129
14175  94151  54759  41575  93345
33195  28129  14115  50000
```

答案见第 231 页

103
不可能的事

想象你将一张扑克牌一分为二,然后将两个半边叠起来,再将两个半张一分为二,变成 4 张。重复此过程,继续切分这张扑克牌,直到切分共 52 次。

你知道最后切分的扑克牌堆起来高度是高于还是低于 1 英里? 高出或低多少呢?

答案见第 231 页

104
薛定谔的猫

　　量子力学是了解宇宙的基础理论,欧文·薛定谔著名的思维实验变成了量子力学最著名的公式之一。其原理非常简单。

　　假设将一只猫关在装有放射性物质的密室里。当放射性物质衰减,将释放有毒气体——这个实验过程随机性很强。我们从外面无法看到猫的状态,也不知道放射性物质是否开始释放有毒气体。任何时间内它们发生的概率为50%。

　　一小时后,猫的状态是怎样的?

答案见第 232 页

105
磅秤

称体重的时候我们对很多假设都不以为然。通常我们很愿意相信体重没有增加,根本不会考虑任何其他情况。几乎没有人会真正思考,我们的体重从物理学上来说真正意味着什么。绝大多数人一生生活的地方与地球的关系几乎不变。因此没必要担心离地球中心的距离、大气压或者体重和质量之间的关系。但磅秤不仅仅对宇宙,它对所有条件都非常敏感。要获得精确的体重读数,你必须笔直站立不动。如果弯腰,磅秤就会低估你的体重。这是为什么呢?

答案见第233页

逻辑思维测试11

可以用它来测试你的逻辑思维能力。

5个孩子都生病了。根据以下信息，你能说出穿黄色睡衣的孩子得的什么病，得到什么礼物了吗？

穿红色睡衣的孩子得到了一本书。患麻疹的孩子（不是比利也不是弗兰基）得到了一个玩具。亚历克西斯患了腮腺炎。曾患过同样病的朋友来看望穿绿色睡衣的孩子。一个孩子得到了果冻。穿橘色睡衣的弗兰基患的不是扁桃体炎。李患的是猩红热，他穿了绿色睡衣。长水痘的孩子没有得到冰淇淋。穿蓝色睡衣的孩子不是罗宾，也不是李。

名字	疾病	礼物	睡衣颜色

答案见第234页

107

重量游戏

假设你有一个重 1 千克的铁球——1 千克等于"国际千克原器"的质量。"国际千克原器"是重量单位"千克"的标准定义。

现在继续发挥想象,设想地表几英寸下,泥土的密度不变——即如果你从地表下任意两个地方各取出 1 立方米泥土,两者质量相等。根据这个情况,1 千克的铁球在哪里称最重?在山顶上?地下?或者其他完全不同的地方?

答案见第 234 页

> 如果人类要生存下来,并上升到更高的层次,创新思维非常关键。

——阿尔伯特·爱因斯坦

108

芝诺的箭

在关于箭的悖论中,芝诺指出,静止中的箭占有一定的空间。在飞行的过程中,箭也占有一定的空间。因此,在任何瞬间,箭都是凝固不动的。如果箭在某个瞬间移动,我们就可以将这个瞬间分成"前"和"后"更小的片刻。芝诺指出,这表明箭处于真正的静止状态,意味着运动是完全虚幻的,或发生在时间之外的瞬间之间。

芝诺错了吗?

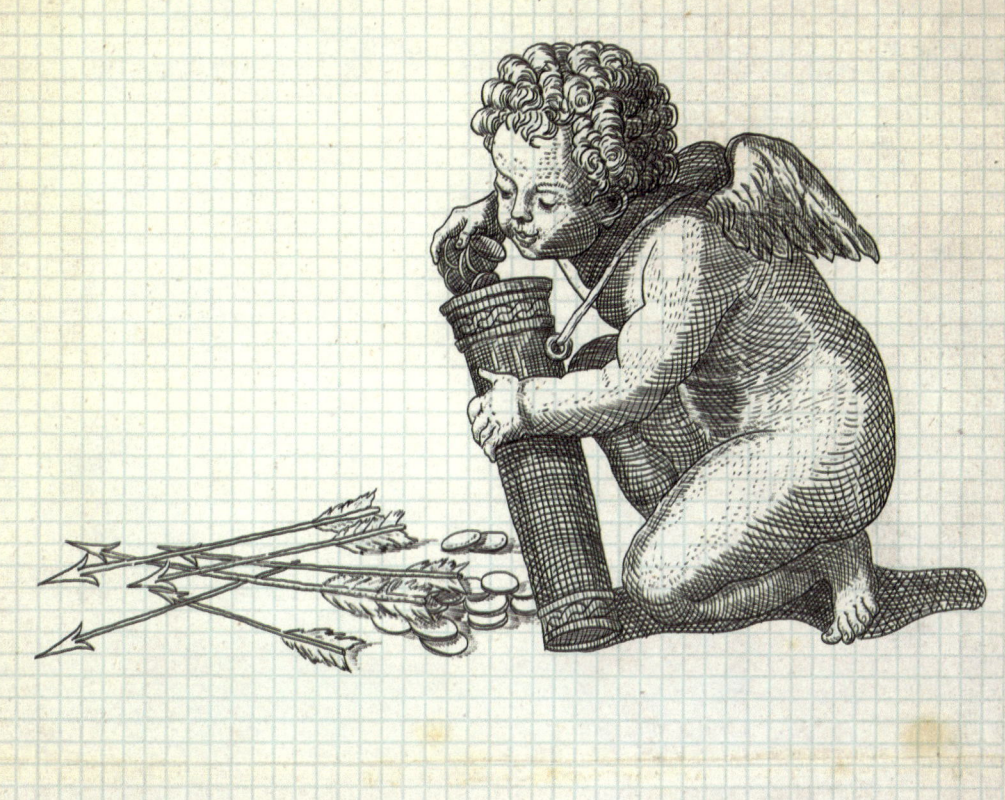

答案见第 235 页

第五章

> "驱使人类追求艺术和科学的一个最强烈的动机是为了逃避日常生活的粗俗和枯燥,逃避不断变化的欲望的束缚。性情高雅者渴望逃离浮世,客观观察、冷静思考。"
>
> ——阿尔伯特·爱因斯坦

109

逻辑问题11

请阅读下面的描述。假设它们在任何情况下都完全正确。根据以下描述，回答后面的问题。

我从来不会将收到的支票夹在文件夹里，除非我很担心。
我收到的所有没有打叉的支票都可以支付给持票人。
我收到的所有支票没有再退还给我的，除非银行拒付。
我收到的所有打叉的支票金额都超过100英镑。
我收到的所有没放在文件夹里的支票都标记为"不可转让"。
所有从你那收到的支票银行都没有拒付过。
我从不担心我收到的支票，除非支票被退回给我。
我收到的所有标注为"不可转让"的支票金额都没有超过100英镑。

我从你那里收到的支票都可以支付给持票人吗？

答案见第238页

110
生存本能

危险的处境往往会使我们想到物理世界的抽象规则。当然在实际中是另外一回事。当你即将面临危险时,你很难顾得上欣赏自然法则。生存的本能超过对科学的好奇,除了虔诚的研究者。

设想你身处一艘小船上,船离岸有一定距离,船上没有任何设施——船桨、帆或其他任何推动船前行的工具。为了使你尽情发挥想象,你不能或不愿意与水有任何身体接触,因此你不能游泳或踩水。但是船头的最前端绑有一根绳子。如果你抓住绳子的另一端猛然一拉,船会向前移动吗?

答案见第 238 页

得数 "100"

观察下面一组奇怪的数字：

1 2 3 4 5 6 7 8 9 = 100

你可以通过加上运算符号使等式成立，方法有多种。例如，1+2+3+4+5+6+7+(8×9)=100。这种方法你需要 9 个运算符号——括号、乘号和 7 个加法符号。但你可以使用少于 9 个运算符号的方法使等式成立。

注意，你也可以使用减号和除号。你还可以将两个相邻的数字组合成一个数字——2 和 3 可以组合成 23。像这种组合不计为运算符号。

根据以上规则，请运用三种运算符号使等式成立。你知道怎么做吗？

123456789

答案见第 239 页

112
重压之下

我们往往意识不到气压,除非气压很高或气压导致天气异常。对我们来说,绝大多数时候它似乎都不存在。强风刮来,阻碍了我们的运动,或使得树摇摆,我们可能才注意到空气的存在。我们通常认为空气是无形的、看不见的,它提供给我们赖以生存的氧气。

但是这种认知是完全错误的。空气远比我们了解的重,它一直压在我们身上。真相是我们生活在大量重气体的底层,犹如奇怪的生物生活在深深的海底。对生活在太空的生物来说,地球的表面和海洋的深度同样可怕。一个中等身材的人身上的气压超过了 12 吨,我们一直背负着这么重的气压。

为什么我们没有瞬间被压碎呢?

答案见第 239 页

113
逻辑思维测试12

可以用它来测试你的逻辑思维能力。

几个人都从农贸市场一个卖蛋的农夫那里买了蛋。根据下面已知信息，你能说出伯莎买了多少个什么类型的蛋吗？

梅根穿着黑色衣服。有人买了6个鹅蛋。身穿蓝绿色外套的人（不是拜伦）买了15个蛋。卢比穿黄色外套的人多买了3个鸡蛋。富兰克林买了12个蛋，他买的不是火鸡蛋。梅根买的不是鹌鹑蛋，穿黄色或白色外套的人也没有买鹌鹑蛋。穿紫红色外套的人买了鸭蛋。有一个人买了3个蛋，另一个买了9个蛋。

人名	蛋的个数	蛋的类型	外套颜色

答案见第240页

114
吃水线

　　波波船曾经是小孩子非常喜欢的玩具。波波船通常是铁做的,船身涂上鲜艳的油漆,适合在浴缸或小型游泳池使用。波波船的内部构造非常简单。在金属锅炉下方有一个带排气管的小型加热器。排气管在吃水线以下,从船后伸出来。要使船运行,只要将少量水通过排气管引入锅炉,点燃下方的燃烧器。一旦燃烧器变热,波波船就会通过蒸汽慢慢加速前行。船运行时发出波波声,波波船因此而得名。

　　你明白波波船的工作原理了吗?

答案见第 240 页

115

密文9

请破译出下面文字中的一句名言。这句名言使用了简单的密码，有些晦涩难懂。

```
VMFVE VIOBL FWRLZ GSCRM TGESL FTASR GXLZM
MVWEV IYAVP MLYDM YFSGG LBALF IHTVO UZTHP
BLRFI HVAOU SLCDB LFTDL FOSWZ XGMDV IVEZO
OGNSV DLOIO WOFLL PRLMT ZGOBL FZWMW ZXMGZ
XXOLI WRRMT OBAGS LNLZH JSIHD OPTIW KJYSZ
```

答案见第 241 页

116
大饭店

  1947 年，数学家乔治·伽莫夫将他的大饭店悖论归因于德国数学家大卫·希尔伯特。大卫·希尔伯特是 20 世纪早期最重要的数学思想家之一。

  在大饭店悖论中，大饭店有无数间客房，且每一间客房都有人入住。一天酒店迎来一客车无数名旅客，要求入住单间。酒店经理点头同意，不安地来回走动，然后为所有客人安排了住宿，且没有要求任何已入住的客人离开或和其他客人共享一间客房。

  他是怎么做到的？

答案见第 241 页

117
字母序列游戏2

这个字母序列游戏检测的是您的数据模式匹配能力。以下字母排列顺序有一定的规律。你能找出其中的规律，并指出下一个字母是什么吗？

A D G J M …?

ABCDEFG
HIJKLMN
OPQRSTU
VWXYZ

答案见第243页

118

逻辑问题12

请阅读下面的描述。假设它们在任何情况下都完全正确。根据以下描述回答后面的问题。

这个房间内所有标有日期的信件都是用蓝色信纸写的。

这个房间内所有信件都不是用黑色水笔写的，除以第三人称写的信件外。

我没有将这个房间内任何我能看的信件归档。

这个房间内所有单页纸的信件都标注了日期。

打叉的信件和炭黑墨水之间有重叠。

这个房间内所有布朗先生写的信件都以"尊敬的先生"开头。

这个房间内所有写在蓝色信纸上的信件都已经归档。

这个房间内所有不止一页信纸的信件都没有打叉。

这个房间内所有以"尊敬的先生"开头的信件都不是以第三人称写的。

我能看布朗先生的信件吗？

答案见第 244 页

119
贝瑞悖论

1927年，威尔士哲学家伯特兰·罗素记录了牛津大学图书管理员乔治·戈弗雷·贝瑞设计的一个悖论。贝瑞指出，单词是有限的，因此长度达12个单词的短语数量也有硬限制。但是自然数却是无限的。这意味着有一个自然数不能用12个或以下的单词表达。但是这个自然数可以界定为"不能用12个或以下单词来描述的最小自然数"（the smallest positive integer not definable in 12 words or less）——这个定义使用了11个英语单词。

这个悖论指必定有一个最小自然数不能用12个或以下的英语单词表达——但事实上这个定义却使用了11个词来表达，这意味着这不可能是不能用12个以下的词来表达的最小自然数。这个悖论有解决方法吗？

答案见第 244 页

> 直觉只是先前知识经验的结果。
>
> ——阿尔伯特·爱因斯坦

120
射击

　　设想在一个空荡荡的大平原上架有一把来福枪,平原处于真空状态,但地球引力正常。来福枪瞄准 45° 角,子弹以 620 米/秒的速度离开枪膛,落在前方约 40 千米处,高度达 10 千米。

　　如果平原恢复到正常的空气密度,子弹能飞多远?

答案见第 244 页

121

涨潮

我们知道潮汐主要是月亮对地球的万有引力所致。但很多地方一天有两次涨潮,如果地球上一个地方正涨潮,那么地球另一个面的同一地方也在涨潮。由于万有引力海水上涨涌向月球,这听上去似乎合理,但为什么另一个面的海水上涨远离月球呢?

答案见第 245 页

> 数学法则用于现实时,它不太确定;当它确定时,又不适用现实。

——阿尔伯特·爱因斯坦

逻辑思维测试13

可以用它来测试你的逻辑思维能力。

5个人定期在会议室的茶点区相遇。根据以下信息，你能说出喝茶的人是谁？他们在那里做什么吗？

参加读书会的人爱喝果汁。萨尔达纳喝的是水，她不喜欢巧克力曲奇饼干。一人在演戏。喜欢姜味饼干的人在上美术课。她不是萨尔达纳，也不是内莎。薇尔玛喜欢奶油饼干，但她没喝苏打水。吃加里波第饼干的人没有学法语。喜欢喝咖啡的人不是特里普，也不是薇尔玛。正在讨论玄学的人喜欢喝苏打水。她不是特里斯坦。特里斯坦喜欢吃助消化饼干。

人名	活动	饼干	饮料类型

答案见第 245 页

123

积雪

每个冬天的第一场雪都有些神奇。你早晨醒来发现整个世界焕然一新、干净洁白。这就是大自然神奇的魅力。大雪可以使我们很容易发挥创造力——似乎无论走到哪，不沾手的雕塑"黏土"唾手可得。难怪我们看到积雪都兴奋不已。

如果你住的地方冬天积雪，你很可能注意到，通常电话线杆或篱笆上积的雪要远远多于附近房子一边的雪。我们的直觉会有相反的看法——墙体面积更大，肯定比"瘦弱"的电话线杆积的雪多。

你能说出事实为什么不是这样吗？

答案见第 246 页

124

逻辑问题13

请阅读下面的描述。假设它们在任何情况下都完全正确。根据以下描述回答后面的问题。

如果动物喜欢凝视月亮,那么它们都适合做宠物。
如果我讨厌某种动物,我会避开它。
没有动物是食肉的,除非它们晚上出来觅食。
袋鼠不适合当宠物。
只有食肉动物才杀老鼠。
我讨厌不喜欢我的动物。
这个房间内唯一的动物是猫。
晚上出来觅食的动物往往喜欢凝视月亮。

我会避开袋鼠吗?

答案见第246页

125
牛顿和佩皮斯

1680年末，艾萨克·牛顿和塞缪尔·佩皮斯进行了一场关于抛骰子的讨论。作为伦敦皇家自然知识促进会（现为伦敦皇家学会）的会长及皇家海军部长，佩皮斯非常清楚牛顿在数学方面的造诣。事实上，牛顿名作《数学原理》第一版就获得了佩皮斯的认可，他的公开支持也保证了这本书的高水准。因此当要打赌时，佩皮斯自然想听听牛顿的意见——他考虑根据以下三种不同的情况下赌注——掷6次骰子至少有1次6点，掷12次骰子至少2次6点，掷18次骰子至少3次6点。他觉得掷骰子越多获胜的机会越大。他为此征询牛顿的意见。

你认为呢？

答案见第247页

字母序列游戏3

这个字母序列游戏检测的是您的数据模式匹配能力。以下字母排列顺序有一定的规律。你能找出其中的规律,并指出下一个字母是什么吗?

D N O S A J …?

ABCDEFG
HIJKLMN
OPQRSTU
VWXYZ

答案见第 248 页

127

时间

我们对相对论有很多误解。假设有两块上紧了发条的老式怀表。两块怀表一模一样，都上紧了发条，正常运转，指示的时间完全相同。把两块表放在两个普通的房间，加热到恒温 20℃，拧紧发条。一个房间位于海平面，而另一个房间在海拔 4000 英尺[①] 的山上。

两周后，将两块怀表对比，发现在山上房间的怀表时间明显比另一块表快。之后如果重新设置时间，将两块怀表放在同一房间，会发现两块怀表时间指示又一样了。

为什么会这样呢？

答案见第 249 页

① 1 英尺 =30.48 厘米。

128
密文10

请破译出下面文字中的一句名言。这句名言使用了简单的密码,有些晦涩难懂。

```
AFRSH LWOMT EAISE
ETRAI YHYRN TETIA
DSAAT EAEET ITEDN
TEETR AIYSA ATEAS
FAHMT CRFRO ELTTE
AEOCR ANNAF RSHYR
CRANH YOORF ROELT
```

答案见第 249 页

129
万有引力

我们知道月亮围绕地球转,随着地球绕着太阳转。作为一颗卫星(与母行星相比),月亮太大了,是地球直径的1/4,地球质量的1/8——太阳系中的其他任何卫星都没有这么大。月球自转的周期和月球环绕地球公转一周所需的时间相同,因此月球向我们展示的永远是同一面。这是由于潮汐力而不是神秘的巧合,不过还有一个奇妙的因素。你想知道月亮为什么会和我们在一起吗?太阳对月亮的万有引力是地球对月球万有引力的三倍,那么为什么月亮没有跑到太阳那里去呢?

答案见第 250 页

130
字母序列游戏4

这个字母序列游戏检测的是您的数据模式匹配能力。以下字母排列顺序有一定的规律。你能找出其中的规律,并指出下一个字母是什么吗?

N W H O I I …?

ABCDEFG
HIJKLMN
OPQRSTU
VWXYZ

答案见第 251 页

131

狮身人面像之谜

世界上最著名的难题或许就是源自古希腊神话的狮身人面像的谜语。传说狮身人面像是奥林匹斯山的神送给底比斯的一头埃塞俄比亚怪兽。它残忍危险,长着母狮子的身体,巨鹰的翅膀,蛇的尾巴和女人的头。它等在城门口,要过往的人告诉它谜语的答案。当人们无法回答时,它就吃了他们。俄狄浦斯最后给出了答案。狮身人面像输了,把自己吃了。它的谜语是:什么生物只有一种声音,却能有四只脚、两只脚和三只脚的时候?

你知道谜底吗?

答案见第 251 页

132
飞行游戏

据说在第一次世界大战期间,一个法国飞行员在 2 千米的高空中看到脸上有一只烦人的苍蝇。他用力一拍,惊讶地发现他成功地抓住了一颗德国子弹。这听上去可能有些可疑——缺乏细节信息,只能做出这样的判断——但我们把这个事件收录在此是因为事实上这件事很可能发生。尽管看上去不太可能,但也没有证据说明这个事情是捏造出来的。你能推断这一壮举可能是如何发生的吗?

答案见第 252 页

133

气球实验

假设你坐在停在路边的车内。或许你家外面街道能看到这样的景象。车内,一个装满氦的气球用一根短绳子绑在后座上。如果车内还有其他人,请他们暂时不要碰气球。气球在后座是自由飘动的,没有受到任何干扰,没有碰到车顶。所有车窗是关闭的。

当汽车启动并加速行驶,气球会向前移动,向后移动还是待在原地不动呢?

答案见第 253 页

> 反省过去,把握当下,憧憬未来。重要的是多思考。
>
> ——阿尔伯特·爱因斯坦

134
鸡蛋

　　鸡蛋是设计上的奇迹，是简约优雅进化的一个活生生的例子。鸡蛋美味可口，是许多人重要的蛋白质来源。但现在，它只是锻炼科学好奇心的好机会。假设厨房灶台上有一个完好的鸡蛋。出于某种原因，你不想拿起鸡蛋，也不准备打碎它。鸡蛋处于室温，但你不知道这个鸡蛋是生的还是之前煮熟了的。尽管以上情况都不允许，但有时需大胆猜测因果关系。现在的问题是：考虑到以上的限制，你能在不使用任何工具的情况下轻松分辨出鸡蛋是生的还是熟的吗？

答案见第 253 页

第一章

答案

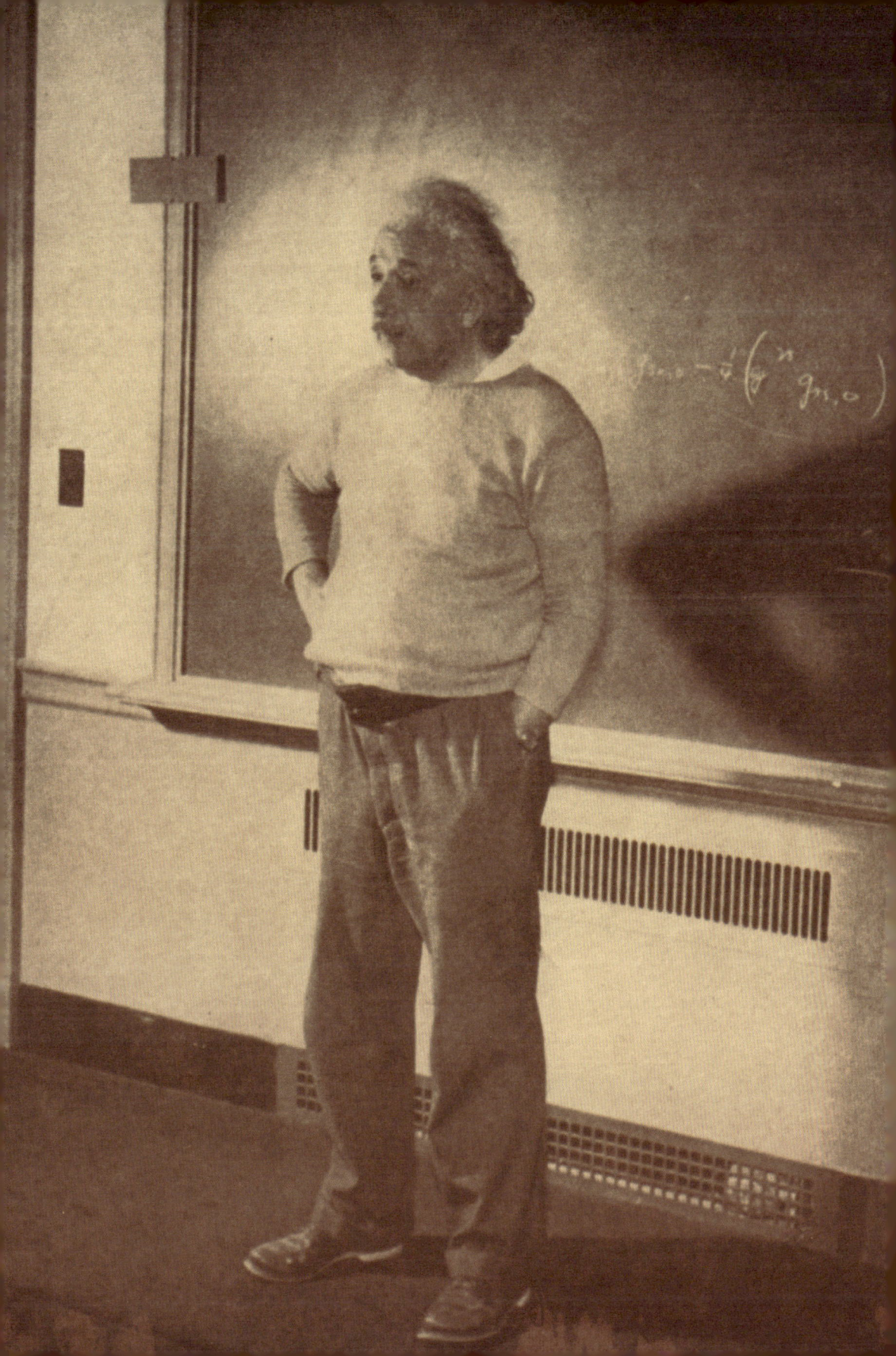

答案1

运动中的身体

你在夜间运动更快。

和围绕太阳公转一样,地球自转的方向也是由西向东,从北极点上空看呈逆时针方向旋转。这就意味着任何时刻地球夜半球(背离太阳的另一半球)旋转的方向和公转方向相同,而地球昼半球旋转的方向和公转方向相反。因此午夜你围绕太阳公转的速度为 30+0.5 千米/秒,正午速度为 30−0.5 千米/秒。

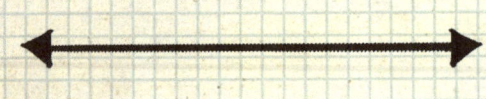

答案2

0=1?

错误在于将加法结合律适用于无穷大数字运算。这是不对的。无穷大是数不清的,它一直无限延伸,因此无法确定具体数值。如果总和无法固定,就不能随意调整算式中各加数的顺序。题干中提到的算式中的(+1−1)=(−1+1),但在调整顺序后的无穷运算中是不成立的。

答案3
逻辑问题1

不喜欢。我只喜欢关于可以承载我体重的主题的诗歌。

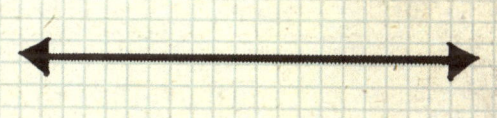

答案4
潜水艇

  当潜水艇潜入水中时,水压从各个方向同时指向潜水艇。这意味着潜水艇向下和向上的压力是相等的。只有水压上下相等抵消,潜水艇才可以前行。但如果潜水艇停靠在海底,海水将从船底周围排出,所有水压突然向下。从而轻而易举地锁住潜水艇,使其无法前行。

$$R_{\mu\nu} - \frac{1}{2}g_{\mu\nu}R + g_{\mu\nu}\Lambda = \frac{8\pi G}{c^4}T_{\mu\nu}$$

$$\vec{a}_A = \sum_{B \neq A} \quad T_c = \left(\frac{n}{\zeta(3/2)}\right)^{2/3}\frac{2\pi\hbar^2}{mk_B} \approx 3.3125$$

答案5

数字"48"

1680

1680+1=1681=41×41; 1680/2+1=841=29×29.

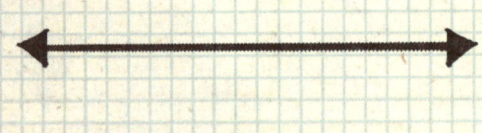

答案6

乱码名言1

名言是: "When you are courting a nice girl, an hour seems like a second. When you sit on a red-hot cinder, a second seems like an hour. That's relativity."

—Albert Einstein

"当你和一个美丽的女孩坐上一小时,你会觉得好像只有一秒。而当你在炽热的火炉边,哪怕只坐上一秒,你却感觉像是坐了一小时。这就是相对论。"

——阿尔伯特·爱因斯坦

答案7

两个铁桶

两个水桶重量相同。水桶中的漂浮物排出的水刚好与漂浮物重量相等。既然水桶中的水位相等,水桶的重量相等,尽管其中一个桶中有一块木头。不过要注意的是,水桶中下沉的物体比排出的水更重。

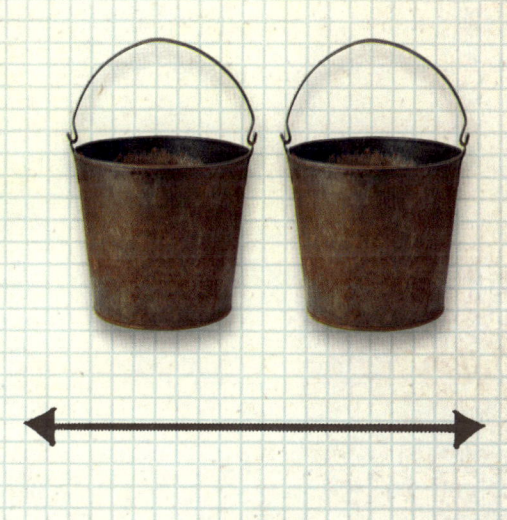

答案8

高空走钢丝

高空走钢丝表演者需将重心放在钢丝正上方才能保持身体平衡。表演者手里的长棍有两个作用。首先,也是最关键的一点,使长棍的重心集中在两端。长棍两端向下倾斜,导致表演者的重心向下移到钢丝以下。这样表演者比看上去要更加平稳,从而也就更加安全。其次,棍子惯性很大,因此表演者在必要的时候可以推动它来调节平衡。

答案9

密文1

这是一道基础的密文题。密文没有任何间隔和标点符号,被分成 5 个字母一组。最后一组为了凑成 5 个字母加入了多余的字母。换行符和缩进都无关。

名言为:

"A human being is a part of the whole called by us 'universe', a part limited in time and space. He experiences himself, his thoughts and feeling as something separated from the rest, a kind of optical delusion of his consciousness. This delusion is a kind of prison for us, restricting us to our personal desires and to affection for a few persons nearest to us. Our task must be to free ourselves from this prison by widening our circle of compassion to embrace all living creatures and the whole of nature in its beauty."

——Albert Einstein

"每个人都是我们所谓的'宇宙'的一部分,而这一部分是受到时空限制的。他所体验到的自己,包括自己的思想和感受,就像是跟整体宇宙分开的——一种意识上的幻觉。这种幻觉犹如一座牢笼,把我们局限在个人欲望和对周遭最亲近之人的温情中。我们的任务是打破这一牢笼,扩大视野,拥抱世界,发现自然的美。"

——阿尔伯特·爱因斯坦

答案10

斐波那契的游戏

通过运算，最后总值再减去基数350，得出一个三位数的数值——百位上的数字代表该志愿者的座位编号，十位上的数字代表该志愿者手指对应的数字，个位上的数字代表该手指指关节对应的数字。

如，编号为8的人，第4个手指的第2个关节有一个戒指，计算过程为：

8×2=16，16+5=21，21×5=105，105+10=115.

（115+4）×10=1190，1190+2=1192.

然后1192-350=842，将842拆分为8-4-2。

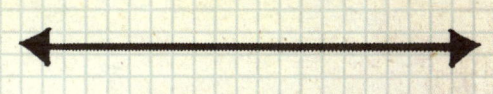

答案11

异想天开

理论上是可行的。但不是明智之举。这个房子需位于北极。这个地区到处都是不断移动的海冰，因此房子建造起来很难，更不用说这个地区非常偏远荒凉，且交通不便。

答案12
木头和黄金

　　物体根据其体积不同不仅排出液体,还会排出气体。根据阿基米德原理,在地球大气中,物体在秤上称出的重量比实际重量轻。具体来说,物体的称重等于物体实际重量减去物体排出的空气的重量。黄金比木头的密度大很多,因此排出的空气少。在真空状态下将会揭示真相——一吨木头比一吨黄金更重。

答案13
地球自转

例子有很多。例如,从管道上方(为了避免气流阻碍)丢入一个球体,测量球体离垂直落地点的偏离距离。如果在赤道,球体每下降 500 英尺将会向东偏离一英寸多。

再如,在赤道的海平面处、地球南极或北极海平面处称你的体重。你会发现,你在赤道的体重要轻一点,因为你在赤道运动速度更快,运动所产生的离心力抵消了部分地心引力。

你也可以驾车从赤道一路向北,到达北极,一路仔细测量汽车右边轮胎所受的压力,你会发现,在赤道轮胎所受的压力最大,到达北极时压力为 0。

另外,你也许还想知道,太阳确实也像地球一样自转。但是太阳是液态而不是固态,因此赤道每 27 天旋转一次,而两极每 31 天旋转一次。

答案14
逻辑思维测试1

名字	国籍	居住地	专业
艾米丽	美国	汉诺威	物理学
詹妮弗	英国	剑桥	纳米技术
玛丽·安娜	加拿大	纽约	生物化学
爱丽丝	澳大利亚	普罗维顿斯	超材料
索菲	爱尔兰	纽黑文	天体物理学

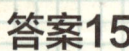

答案15
呼气小实验

皮肤中的水分子不断蒸发到空气中,这个过程在更加快速循环的空气中速度更快,因为增加的能量使更多的汗水变为气体。水分蒸发使皮肤温度下降。因此缓慢的呼气似乎和实际温度相差无几,而快速的吹气却感觉要凉很多。另外还有一个小因素。通过小孔吹出的气体向外扩散,这一扩散过程有冷却效果——因此,事实上,快速吹气确实要稍微凉一些。

答案16

光滑的冰面

　　事实上冰并不滑溜。但一旦受压,冰的熔点就会降低。因此当你站在冰块上——或者在冰上拉雪橇——就会有少量的冰融化,正是这些融化的冰水变滑。粗糙的冰面减少了冰与人(脚)之间的接触面,加大了冰面的压力,从而融化的冰水增多。在气温很低的天气,如果身体压力不足以使冰块维持在熔点以上,冰块就和石头路一样不会打滑。

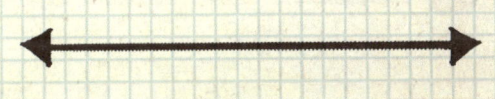

答案17

部落数学

　　尽管有些宗教色彩,但这种计算就是二进制乘法。右边的一列为交易价格,数字根据舍去尾数原则依次减半,然后去除偶数,就变成基数为 10 的二进制数。22 用二进制表示为 10110。

　　左列数字代表购买的牛的数量乘以 2 的幂次方,从基数 7 开始,然后翻倍,依次乘以二进制数。14=7×2,28=7×4,以此类推。因为 22 用二进制表示为 10110,那么 7×22=(0×1)+(7×2)+(7×4)+(0×8)+(7×16),把这些石头加起来就得出了总数。当然用另一种方法也是一样的,即:7÷2 ≈ 3(舍去尾数),3÷2 ≈ 1(舍去尾数)。这里没有"邪恶的"偶数,三个洞里的数字分别为 22、44 和 88,三个数字相加等于 154。

答案18

玻璃游戏

将正方形窗户向右平移 45 度变成菱形——正方形 5 英尺的边长就变为菱形对角线的长度。由于墙不透光,尽管窗户的高度和宽度仍旧是 5 英尺,但菱形边长变为 3.535 英尺,面积为 12.5 平方英尺,原来窗户的面积是 25 平方英尺。

答案19

乱码名言2

名言是:"Everybody is a genius. But if you judge a fish by its ability to climb a tree, it will live its whole life believing that it is stupid."

——Albert Einstein

"每个人都身怀天赋。但如果你用会不会爬树来评估鱼的能力,那它终其一生都会认为自己一无是处。"

——阿尔伯特·爱因斯坦

$$R_{\mu\nu} - \frac{1}{2} g_{\mu\nu} R + g_{\mu\nu} \Lambda = \frac{8\pi G}{c^4} T_{\mu\nu}$$

$$\vec{a}_A = \sum_{B \neq A} \quad T_c = \left(\frac{n}{\zeta(3/2)}\right)^{2/3} \frac{2\pi \hbar^2}{m k_B} \approx 3.3125$$

答案20
密文2

加密密码采用的是替换法，将密文中每个字母换成其在字母表中的后面一个字母，即 A 为 B，B 为 C，以此类推。不要理会间隔。解密只需把这个过程倒过来。

名言为：

"If you want your children to be intelligent, read them fairy tales. If you want them to be more intelligent, read them more fairy tales."

——Albert Einstein

"如果想要你的孩子聪明，给他读童话故事。如果想要你的孩子更聪明，给他读更多的童话故事。"

——阿尔伯特·爱因斯坦

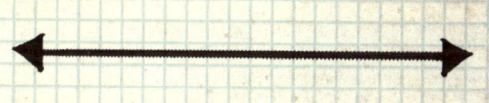

答案21
无尽的世界

当谈论到"无穷大"概念时要摒弃"更大、较大"这种观点。显然从任何范围来讲自然数的数量是偶数的数量的两倍。同样自然数和偶数都是无穷尽的，这个问题的最精确的答案是这个问题是无意义的。

答案22

阳光1

早上6点。事实上,太阳光早就已经照射到地球上。当我们所处的位置旋转进入太阳光线照射区域时,黎明就来了。因此这与光的传播时间无关。

答案23

逻辑思维测试2

名字	所喝的饮料	音乐	衣服颜色
布鲁斯	意式咖啡	古典音乐	红色
琼	卡布奇诺	流行音乐	蓝色
史蒂夫	热巧克力	古典音乐	奶黄色
戴安娜	拿铁	电子音乐	黑色
梅根	茶	乡村音乐	绿色

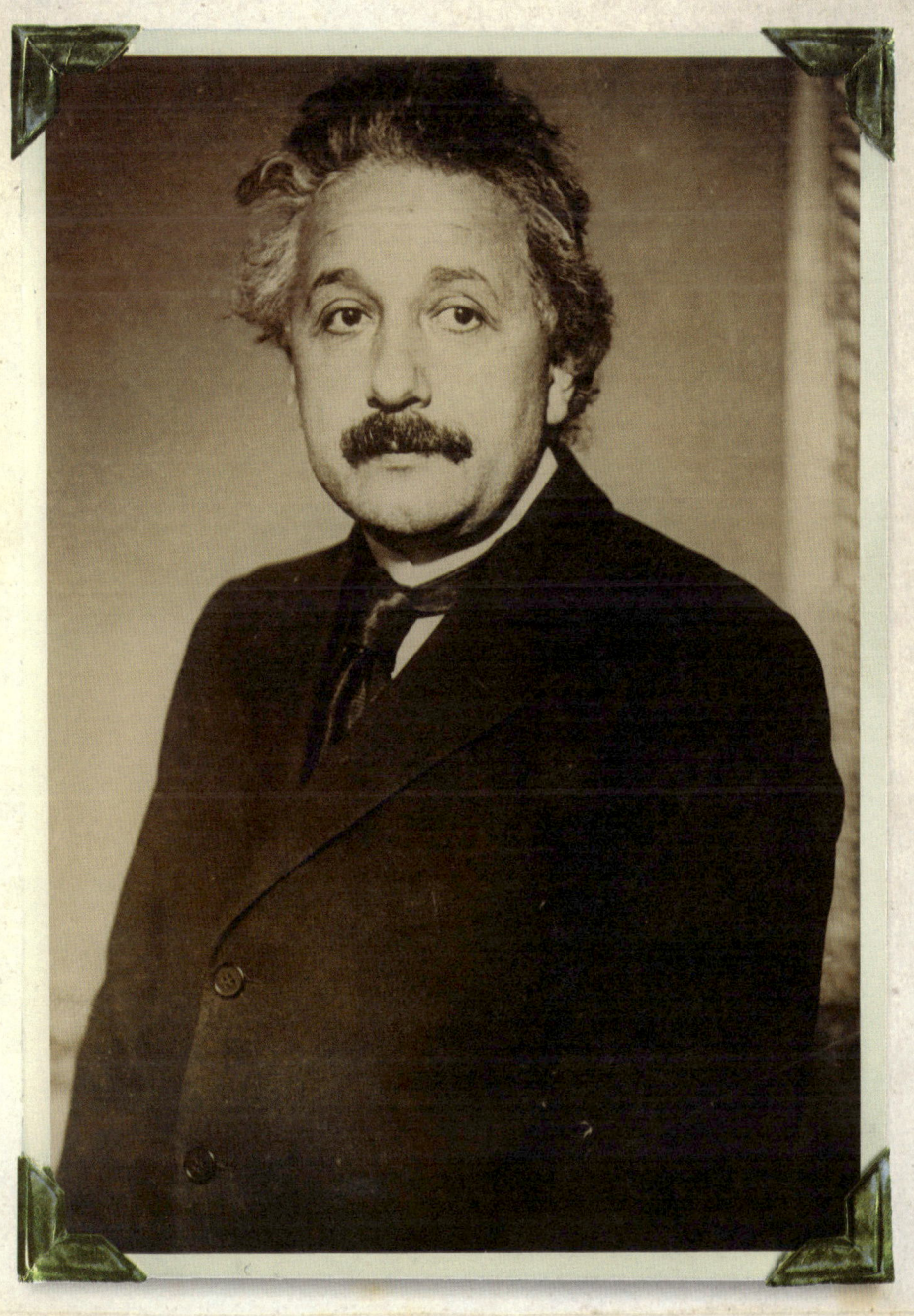

第二章

答案

答案24

魔镜！魔镜！

看不见。尽管你觉得好像能看见，但实际上干净的镜面是不能被看见的。我们所看见的是镜面反射出来的光。很多舞台魔术依靠的就是干净无框的镜子不能被看见这一原理。

答案25

象棋皇后

这个问题共有 12 种解决方法。最简单的一种（数学圈里的人都知道这个原理）如下图所示，将皇后放在 2a，4b，6c，8d，3e，1f，7g 和 5h 位置上。不管哪种方法，解出来了就是好样的。

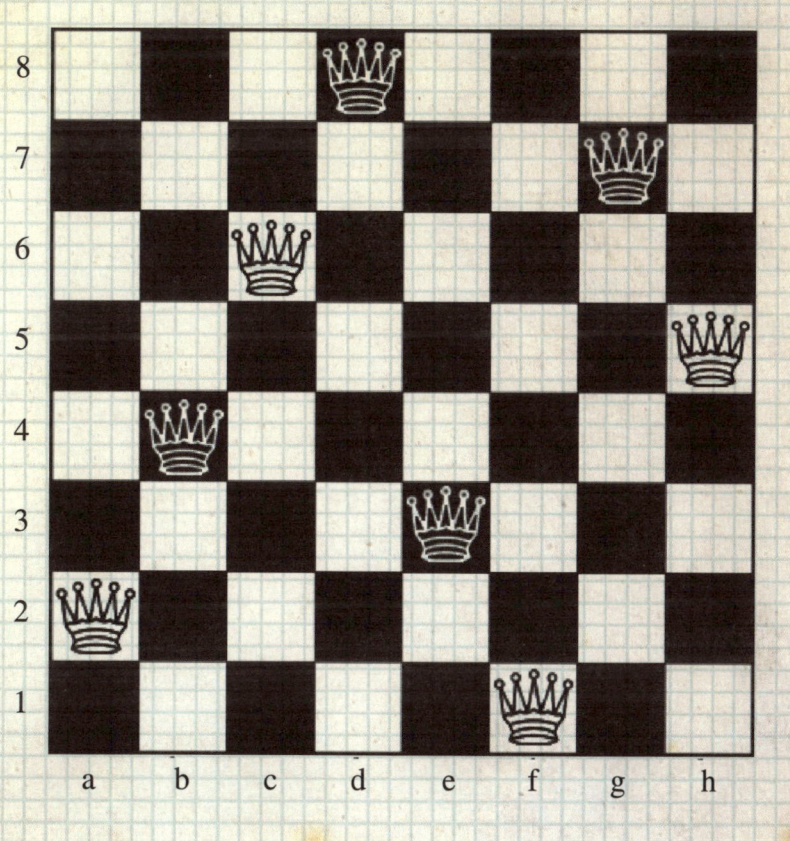

答案26

逻辑问题2

不容易。唯一容易安抚的动物是水牛。因为它不踢人。

答案27

升降机

如果电梯位于垂直通道内,电梯下方的空气起到了一定的缓冲作用。如果电梯下降,增加的压缩空气将形成更大的阻力,反作用于地球引力。

答案28

排水游戏

水位将下降。吊锤比水更重，因此沉到水底。如果船漂浮在水面，它排出的水量等于船的重量，但如果船沉在水下，它排出的水量等于船的容积。既然船比水重，那么船在水里的容积小于其在水里的重量。

答案29
模拟现实

　　随着尖叫声越来越远,声音会越来越弱。电影工作者这样处理非常正确。但是由于多普勒效应,当尖叫者急速坠落时,其音高也会随之降低——这也是为什么当救护车靠近、经过然后离你远去的时候警报声的音调会有所不同的原因。

答案30

逻辑思维测试3

公司	地点	目的地	销售的产品
特里克科技公司	比利时	格拉斯哥	遥控技术
卡尔玛公司	意大利	巴塞罗那	设计师装备
第三只眼公司	葡萄牙	法兰克福	电影摄像头
动力工程公司	丹麦	布拉格	保护装置
C.A.F公司	荷兰	巴黎	皮革服饰

答案31

端坐

这是平衡问题。如果你如文中所述坐直,你的重心(平衡点)位于腿后。除非你通过前倾或将腿收回重新调整你双腿的重心,否则你永远站不起来。

答案32

赤脚温度

区别在于热导率不同。瓷砖的导热性好,因此当你踩在瓷砖上,热量很快从你的脚底传走,你很快感受到了温度的变化。而地毯导热性差,因此你双脚上的热量消失得慢。你感觉到瓷砖冰冷,而地毯暖和,但事实上它们的温度是一样的。

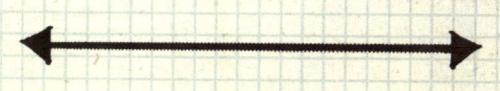

答案33

密文3

整个密文被倒过来了,因此密文是从最后一个字母开始往前念,不要管换行符。名言是:

"It would be possible to describe everything scientifically, but it would make no sense—it would be without meaning, as if you described a Beethoven symphony as a variation of wave pressure."

—Albert Einstein

"科学地描述一切是可能的,但是这样做毫无意义——就好比你把贝多芬的交响乐描述成波压的变化一样没有意义。"

——阿尔伯特·爱因斯坦

答案34

落球

9 英尺。假设球落地之前的速度为 x 米/秒。由于两个球的弹性完美，地板也非常坚实，大球撞到地面反弹回来，速度为 x（向下）至 $-x$（向上）。在本例中，由于 x 是 $-x$ 的 2 倍，小球的速度为 $2x$。小球从大球弹回来，速度为 $-2x$——由于大球以 $-x$ 的速度运动，小球的速度将是 $-3x$。由于动能由速度的平方决定，不管下落过程中球获得多少动能，球下落过程中产生的动能是上升过程中的 9 倍。因此小球会弹 9 英尺高。

答案35

钟摆

结果不变。钟摆的工作原理是地球引力。既然引力同时作用于物体的所有分子,摆锤的重量与此无关。事实上,在真空状态下,摆锤的大小也不重要。关键在于钟摆的长度。

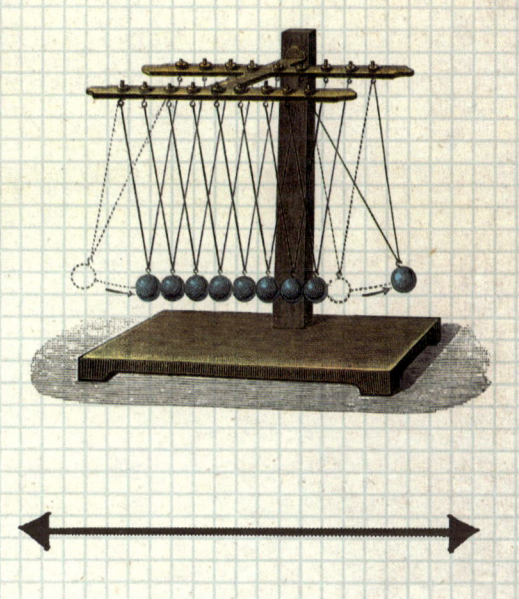

答案36

逻辑问题3

不。酗酒者邋遢不堪,不去参加晚会。

答案37

费米的悖论

主要有 7 大类假设。

1. 当看到外星人或他们的活动时我们能辨识出来（即如果真有外星人的话他们应该是显而易见的。）

2. 进入地球，环绕太空都是不受限的（即我们这里不是自然保护区，也不是无人区。）

3. 如果发现了任何外星人活动的证据，会告知公众的（即没有外星人。）

4. 太阳系及其周边环境引人注目，足以最先吸引外星人的注意/征服欲（即我们可能早被发现了。）

5. 感兴趣的外星人可能想来就会来地球（即他们的速度可能比光速还快。）

6. 他们活跃的时候我们一直在观察（即外星人过去没来过地球，以后也不会来。）

7. 外星人的确想要扩张，但他们自己也很忙（即他们不会只是乖乖地待着家里。）

反对意见主要归于以上 7 类中的某一类。例如，外星人可能只是没有足够好的仪器观察我们，这一假设属于第 4 类，他们探测的或许是轨道上的纳米机器，这一假设属于第 1 类。

答案38

溢水

　　事实上你可以往杯中放入几百根大头针水也不会溢出来。但是放入一些大头针后,水面会明显地膨胀凸起。这是水面张力所致。水面的分子犹如一张网,凝聚在一起防止水外溢。你可以不断往水中加入大头针,直到凸起部分的水压大于水面张力——水面冒出的针头会告诉你,可以放入很多根大头针。

答案39
地球引力

这很容易。找出两个形状相同但重量不同的物体，向下丢。如果你有两个一模一样的小盒子，如火柴盒，或灯泡盒，将其中一个盒子放满硬币，另一个盒子空着，什么也不放。或者你可以采用煮蛋，将里面弄干净，再拿出一个乒乓球，戳一个小洞，往里注入沙子或水。将两个物体放在同一高度，朝同一方向往下丢，它们会同时撞到地面——只要较轻的物体不要像羽毛一样轻，会被气压阻挡而耽误时间。

答案40

逻辑思维测试4

露西尔的餐食最贵。

用餐者	主菜	配菜	消费金额
伯特	烤五花肉	普罗旺斯烩菜	24.00
卡尔文	羊肉	菠菜肉丁	24.50
安东尼娅	鹿肉	奶油韭菜	25.50
尼尔	鸭胸肉	意式蘑菇饭	25.00
露西尔	牛肉里脊	糖汁胡萝卜	26.00

答案41

弹珠

如果要保证各弹珠都与中心弹珠有接触,你可以在其周围摆放6颗弹珠。

答案42

地底下

地下 3 米之处季节性气温大概滞后 3~4 个月。就穴居动物而言，应该是春季。如果再往下走，往下 25 米，温度几乎不会有变化。

答案43

逻辑问题4

是的。因为他们不会把帽子挂在水龙头上。

答案44

吃人的鳄鱼

如果母亲说鳄鱼会还给她婴儿，鳄鱼就会毫无顾忌地吃了婴儿。如果母亲说鳄鱼会吃了她的孩子，事实确实如此的话，那么鳄鱼只能将孩子还给她——但是如果鳄鱼在吃之前把孩子还给她，母亲的预测就是错的。既然不管怎么说情况都互相矛盾，鳄鱼可能会选择中间道路，如还给妈妈一只腿。公认的最佳回答是："我猜如果我猜对了孩子的命运，你就会把孩子还给我。否则你就会吃了他。"这就排除了鳄鱼的所有选择——前提是认为这是一个有效的预测。

答案45

热金属

金属各部分膨胀的比例相同，意味着这个洞会变大。这也是在热水下很容易打开牢固的瓶盖的原因。

答案46

火车之旅

两列火车的任何速度比都会导致在某一点的相遇，从而得出剩余的时间。不需要知道铁轨有多长。如果火车在相同的剩余时间相遇，它们运行的速度相等，将在中点相遇。如果火车1还剩2小时，火车2还剩35分钟，两列火车不可能在轨道的3/4处相遇。本例中，火车1的速度是火车2的2倍，在同样的时间内，火车1已经走完全程的2/3，火车2才完成1/3。

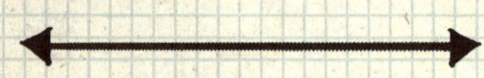

答案47

密文4

密码是将每个字母根据字母表往前移13个位置（计算机术语叫"回转13位"）——因此A变成N，B变成O，以此类推。名言是：

Heroism at command, senseless brutality, deplorable love-of-country and all the loathsome nonsense that goes by the name of patriotism, how violently I hate all this, how despicable and ignoble war is; I would rather be torn to shreds than be part of so base an action! It is my conviction that killing under the cloak of war is nothing but an act of murder."

—Albert Einstein

"指挥棒下的英雄主义，无谓的暴行，及一切打着爱国主义的可恶愚行，真是可恨至极。战争是多么卑鄙无耻。我宁愿被撕得粉碎也不要参与这种下流行径！我坚信以战争为幌子的杀戮就是谋杀。"

——阿尔伯特·爱因斯坦

答案48

力量

是小腿肌肉运动,可以是踮起脚后跟站立,或者坐直,脚尖着地,抬起脚后跟使膝盖抬高。你用手臂抱不动的人,如果将他们放在膝盖上,你双脚可以将他们抬起。

第三章

答案

答案49

魔方

　　将方框中的数字分成四个一组,四个数字相加总和为 34,共有 13 种不同的方法。

　　1. 每行四个数字为一组。

　　2. 每列四个数字为一组。

　　3. 对角线四个数字为一组(左上角至右下角,右上角至左下角)。

　　4. 中间四个方格中的数字为一组(第一行和第四行的四个数字各为一组,左右两列四个数字各为一组,四个角的四个数字为一组)。

　　5. 将方框分为四等份。

　　6. 将每个四等份的上一行或下一行的两个数字和下面四等份中对应行的两个数字组成一组。

　　7. 将每个四等份的左列或右列的两个数字和相邻四等份中的对应两个数字组成一组。

　　8. 将每个四等份的上一行两个数字和与其对角线相对的四等份的下一行两个数字组成一组。

　　9. 将每个四等份左边的数字和与其对角线相对的四等份右边的数字组成一组。

　　10. 将四等份中同一位置的数字组成一组。

　　11. 将上面两个四等份的同一位置的两个数字与下面两个四等份的相对位置的两个数字组成一组。

　　12. 将最左边两个四等份同一位置的两个数字和最右边两个四等份中相对位置的两个数字组成一组。

　　13. 依次按顺时针或逆时针方向将四个四等份中的数字组成一组(再要点花样,取数字时上面左边和下面右边的四等份按逆时针方向,而其他两个四等份按顺时针方向)。

答案50

银制的茶匙

　　玻璃遇热迅速膨胀，但玻璃导热慢。因此玻璃杯内层遇热膨胀，但外层还是冷的，没有膨胀。玻璃杯从内向外延展，由于玻璃很硬，于是容易破裂。厚玻璃器皿情况更糟。薄一点的玻璃杯传热更快，能更迅速地均匀分散内部热量。银制品是热的良好导体，导热快，在玻璃杯中放入一把银制茶匙，茶匙会迅速吸收走一部分热量，从而使玻璃杯不会骤裂。

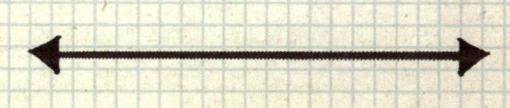

答案51

逻辑思维测试5

人名	去往的城市	寻找的作品	喜欢的作品
亚当	纽约	前拉斐尔派	巴克
詹姆斯	多伦多	城市风光	罗塞
卡拉	法兰克福	立体派	赖利
皮帕	牛津	新古典主义	纽曼
塞巴斯蒂安	马德里	光效应	哈林

答案52
洗澡

　　不是的。我们的双脚浸泡热水后会变大一点,但这不是因为像金属遇热膨胀一样,我们的双脚遇热也膨胀变大。热水打开了皮肤上的毛细血管,加速了皮肤的血流速度,从而使皮肤稍微肿胀。另外,水渗透到皮肤里,皮肤进一步膨胀,也使皮肤更柔嫩。

答案53

概率悖论

既然这组人中任何两人都是有效配对,那么随着群体越大,配对的概率急剧增大。57 人就可以使两人同一天生日的概率达到 99%,23 人就可以使两人同一天生日的概率达到 50%。

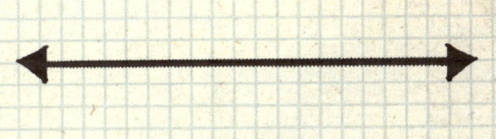

答案54

逻辑问题5

不是。因为潮湿使得折叠式躺椅很丑。

答案55
暮光

真相是它们不能使光线分散开来。尽管看上去像分散开了,暮光仍是平行的。分散只是一种视觉幻觉,就像漫长笔直的公路或火车轨道看上去在远处都并在一起了。可能难以置信,因为距离很遥远,且没有其他参照物,但光线犹如从云层(或山顶)冒出来一样,看上去每束光相距甚远且平行。

答案56

沸腾状态

水不是均匀烧开突然从液体变成气体的。因为水中的微电流，热的传导和其他各种因素，壶中的水受热不均匀。因此有些水分子达到了100℃变成了气体，而有些仍处于液态。这些分子占据大部分空间，将水推到一边，它们变得更轻，然后上升。如果遇到冷水，它们将冷却下来，回到水中，水分子破裂。水沸腾时我们听到的声音就是这些水分子破裂产生的声音。当水接近沸腾，水汽冷却的机会降低——因此声音也就小了。

答案57

逻辑思维测试6

人名	毛线颜色	织物	目的
拉德卡	蓝色	毛衣	为朋友
克里斯汀	淡紫色	毯子	为丈夫
霍普	靛蓝色	围巾	为邻居
埃博妮	红色	袜子	为侄女
德尔默	灰色	帽子	为恋人

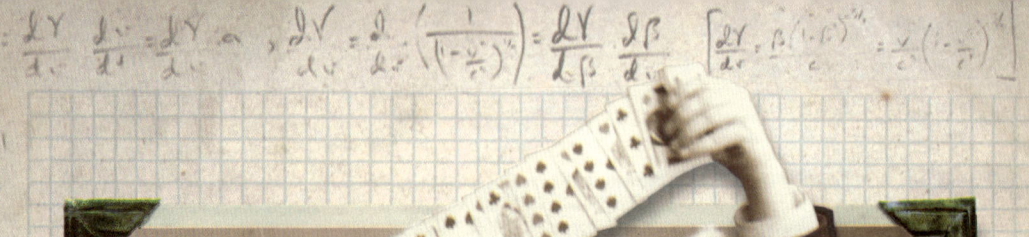

答案58

魔术师

像很多魔术师的戏法,答案是镜子。在桌腿之间放置一面镜子看似反射出来的是空空的地板,正如你所想。但他的助理就蹲在镜子背后。当桌上盒子出现,助理打开桌子铰链,通过缝隙把头伸出来。

答案59
晒痕

　　沙子比草、石头、水、土等其他物质的表面都能更有效地反射太阳光。待在沙滩上能使身体更多地暴露在阳光下。雪也是一个很好的反射物,但温度太低,很难使大面积皮肤达到晒黑的效果。此外注意,过度晒黑有损皮肤,使人老化,加大了皮肤癌的风险。

答案60

密文5

　　埃特巴什码是指将字母替换成该字母在字母表中顺序颠倒过来的字母。即 A 变成 Z，B 变成 Y，以此类推。这套密码最初设计用于希伯来语信息。名言为：

"The most beautiful thing we can experience is the mysterious. It is the source of all true art and all science. He to whom this emotion is a stranger, who can no longer pause to wonder and stand rapt in awe, is as good as dead: his eyes are closed."

—Albert Einstein

"我们所能经历的最美好的事物就是神秘。它是所有真正艺术和科学的源泉。谁要是体会不到它，谁要是不再有好奇心也不再有惊讶的感觉，他就无异于行尸走肉，他的眼睛是闭上的。"

——阿尔伯特·爱因斯坦

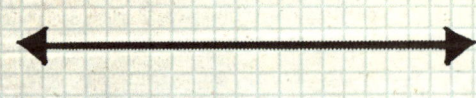

答案61

囚徒困境

　　德雷歇和弗勒德的困境有很多有趣的版本，仅学术研究著作就有很多卷本。对个人来说，最好的方法是坦白直说。如果 B 保持沉默，A 获得自由，而不是 6 个月的牢狱之灾；如果 B 坦白，A 获刑 5 年，不是 10 年。但是如果两个人都坦白，结果最糟糕——从而变成两难境地。最佳的战略就是"暂时输的"战略。

答案62

灯光

戴维安全灯的网格使气体能进入，但火苗不能出去。网格上的格子很小，能将火苗分割成很小块，并且网格金属能吸收一部分热量，从而能熄灭火苗。关键是网格不能坏掉。坏掉一块就足以使火苗燃起来，造成灾难性的后果。

答案63

逻辑问题6

是的。除了星期三，天从不下雨。所有星期三都是阴天。

答案64

字母序列游戏1

下一个字母是 S。字母是按照从小到大的偶数的第一个字母排列的:
Two, Four, Six, Eight, Ten, Twelve, Fourteen, Sixteen.

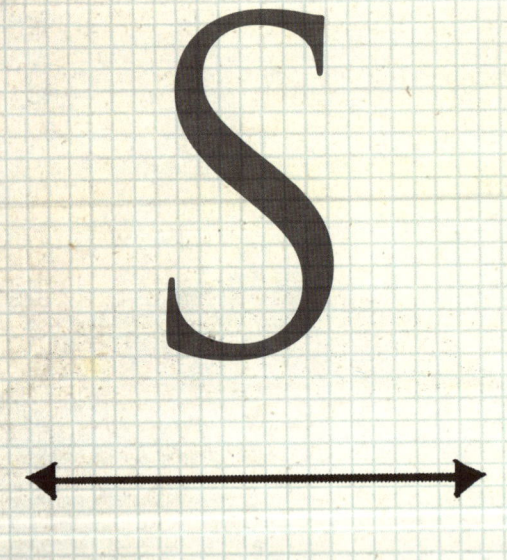

答案65

阳光2

根据布块颜色的光暗程度,布块不同程度地陷入雪中。这是因为布块在阳光下变热,使布下面的雪融化。很可能白色布块没有下陷,黑色布块陷入最深,形成了阴影。彩色布块居中,根据各颜色的鲜艳程度稍有不同——黄色是最浅的,蓝色或靛蓝色可能是最深的。

$\frac{d\gamma}{d\beta} = \frac{d}{d\beta}\left(\frac{1}{(1-\beta^2)^{1/2}}\right) = -\frac{1}{2}(-2\beta)(1-\beta^2)^{-3/2} = \beta(1-\beta^2)^{-3/2} \quad \therefore F = m_0\left[\gamma\frac{dv}{dt} + v\cdot\frac{d\gamma}{dt}\right] =$

$= m_0\left[\gamma\frac{dv}{dt} + \frac{v^2}{c^2}\left(1-\frac{v^2}{c^2}\right)^{-3/2}\cdot a\right] = m_0\left[\gamma a + \frac{v^2}{c^2}\left(1-\frac{v^2}{c^2}\right)^{-3/2}\cdot a\right] = m_0 a\left[\frac{1}{\left(1-\frac{v^2}{c^2}\right)^{1/2}} + \frac{\frac{v^2}{c^2}}{\left(1-\frac{v^2}{c^2}\right)^{3/2}}\right], \quad a = \frac{1-\frac{v^2}{c^2}}{\sqrt{1-\frac{v^2}{c^2}}} \Rightarrow F = m_0 a\left[\frac{1-\frac{v^2}{c^2}}{\left(1-\frac{v^2}{c^2}\right)^{3/2}} + \frac{\frac{v^2}{c^2}}{\left(1-\frac{v^2}{c^2}\right)^{3/2}}\right] = m_0\frac{a}{\left(1-\frac{v^2}{c^2}\right)^{3/2}}$

$F = m_0 a\left[\frac{1}{\left(1-\frac{v^2}{c^2}\right)^{3/2}}\right], \quad W = \int F\,dx = \int\frac{m_0 a}{\left(1-\frac{v^2}{c^2}\right)^{3/2}}\,dx = \int\frac{m_0}{\left(1-\frac{v^2}{c^2}\right)^{3/2}}\frac{dv}{dt}\,dx = m_0\int\frac{v}{\left(1-\frac{v^2}{c^2}\right)^{3/2}}\,dv$

答案66
自行车车轮

自行车前轮用于掌握方向，它走的路线比后轮弯曲，因此前轮走的路比后轮远。

答案67
逻辑思维测试7

丈夫姓名	妻子姓名	结婚时长	礼物
伦道夫	尤妮斯	7年	内衣
伦恩	厄玛	16年	手链
迈克尔	安妮塔	3年	皮衣
特勒尔	梅塞德斯	14年	书
杰弗里	伊莉莎	5年	项链

答案68
沙漏

　　沙漏没有变轻。下落沙子的重量与沙子落到瓶底产生的额外压力相等。但是当把沙漏倒转过来，沙子落到瓶底之前，沙漏的重量轻了一点。当沙漏上端没剩沙子，但沙子还未全部落到底部时沙漏的重量有所增加。这一减一增刚好相互抵消。

答案69
硬币挑战

取一个大小合适的玻璃杯、一张纸、一个打火机或一根火柴。点燃纸，纸还在燃烧时把它扔到玻璃杯中。然后迅速将杯子倒过来放在大盘中，杯底朝上。纸上的火将灭掉，之后由于冷空气收缩，水很快将渗透进玻璃杯。硬币将不动。一两分钟后水干了，就可以捡起硬币。

答案70

逻辑问题7

是的。体重大的鱼是可鄙的，意味着它们不美。

答案71

乌鸦

问题在于在举证时把"一个证据"当成"所有的证据"，而不是"某个支持性证据"。推论逻辑是正确的；青苹果的存在的确排除了非黑色的东西不是乌鸦，增加了所有乌鸦都是黑色的这一可能性。这一论断只是没有将可能性"大大"增加。

答案72

流星

相比前半夜，后半夜看到的流星更多，这是因为流星体和地球迎面相碰，相对速度大，亮度也较高。后半夜观测者的视线方向与地球的运动方向相同，前半夜观测者背对地球运动的方向。

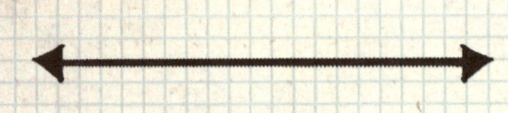

答案73

简单题

1/3。如果你有 3/4，那么 1/4 是 3/4 的 1/3，而不是 1/4。

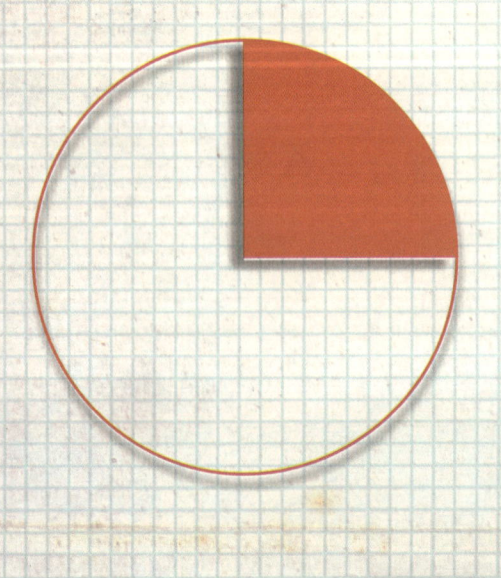

答案74

密文6

密文密码采用了简单替换法，密文中每对字母代替明文的一个字母，每对字母中的第一个字母为字母表顺序中该字母往前第3个字母，第二个字母为随机分配的干扰因素，不用考虑。如DR指代A，ET指代B，FY指代C。

名言是：

"Energy cannot be created or destroyed, it can only be changed from one form to another."

——Albert Einstein

"能量不能创造，也不能被摧毁，它只能从一种形式变成另一种形式。"

——阿尔伯特·爱因斯坦

答案75

假想的小行星

物体将漂浮在原地不动。牛顿的壳层定理证明，对称球体内的物体不存在净重力（不过它会吸引外面的物体）。如果你靠近壳的某一处，壳的万有引力增强，但同时将你往其他方向拉的点也增多。引力持平为0。但是注意，没有真正存在0重力的地方，因此即使那个行星刚好位于太阳系外面，银河仍会有万有引力。你从里面无法看到，但行星和行星内部的物体都处于同样的自由落体模式。

答案76

飞行的苍蝇

两列火车的速度都为 50 千米/时,因此它们每小时就会靠近 100 千米。苍蝇的飞行速度为 75 千米/时,因此它一小时将飞行 75 千米。

答案77

烟雾

这显然是同一缕烟雾,但燃烧的那一端空气遇热,气流往上走,推动烟雾往上飘。烟雾是温热的,所以比空气轻。香烟的另一端没有上升的气流(相反存在有抑制作用的向内气流),烟雾飘出来时受冷。由于烟雾颗粒比空气更重,且缺乏向上升的推动力,烟雾就往下沉。

答案78

逻辑思维测试8

司机	货物	城市	卡车颜色
德尔默	大米	伯明翰	绿色
艾萨克	苹果	曼彻斯特	红色
詹姆斯	牛肉	安多弗	白色
克里丝塔	牛奶盒	约克	蓝色
奥马尔	面粉	剑桥	灰色

第四章

答案

答案79
冷却

热空气会上升,冷空气会下沉。因此最佳方法是不要把盒子放在冰块上面,而是把盒子放在冰块下面。这样冰块和盒子也能直接接触,并且冷空气能不断地向下流向盒子四周。

答案80
针尖

由于针落到布条上的角度不同,针尖落到布条上就形成了圆上的一个点。想象硬币落在布条缝合处。这就得出文中所说的 *pi* 的计算公式,计算出概率就可以得出 *pi* 值。

答案81
逻辑问题8

不是的。真正的幸福和常识是相互排斥的。

答案82

水位上升

往小船上扔砖块，小船的排水量等于砖块的重量。将砖块扔到水里，排水量等于砖块的体积。由于砖块比水更重，砖块重量的排水量大于砖块体积的排水量。因此将砖块扔到船上能产生最大效应（是的，全球航运的确对海平面有影响：它能使海平面上升约百万分之六米——超过了全世界总的海洋生物对海平面的影响）。

答案83

水桶

窍门是慢慢地将水桶斜向一边，直到水碰到水桶的边缘，然后往里看。如果能看见桶的整个底部，则水不到木桶一半；如果水盖住了整个桶底，则水超过木桶的一半。如果水刚好是半桶，水位应该在结合处。

答案84

攀爬的猩猩

由于绳子可以自由活动,两边的重量将自动平衡位置。不管猩猩做什么,两边的重量都会平衡——实际上,猩猩往绳子上方爬2英尺,实际爬高1英尺。它们会同时到达顶端。

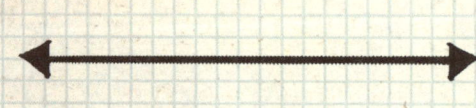

答案85

逻辑思维测试9

人名	目的地	目的	车费(美元)
罗宾	索和区	参加董事会	60
安妮	中央公园	拜访客户	65
玛塞拉	第54大道和列克星敦	财产调查	70
凯思琳	中央车站	发掘人才	75
弗吉尼亚	自由女神岛	摄影	80

答案86

冷风

　　冷天的窗户和外墙都是冷的。房间靠近窗户的空气更冷,从而更重。因此寒冷的空气下沉,将温度较高的空气推到冷空气腾出的空间,热空气温度降低,下沉。结果形成一股环形气流,气流从热源沿着屋顶飘到窗户,再飘到靠近窗户的地板,最后回到热源。所以你的双脚和脚踝会感到有一股冷风从窗户吹过来。

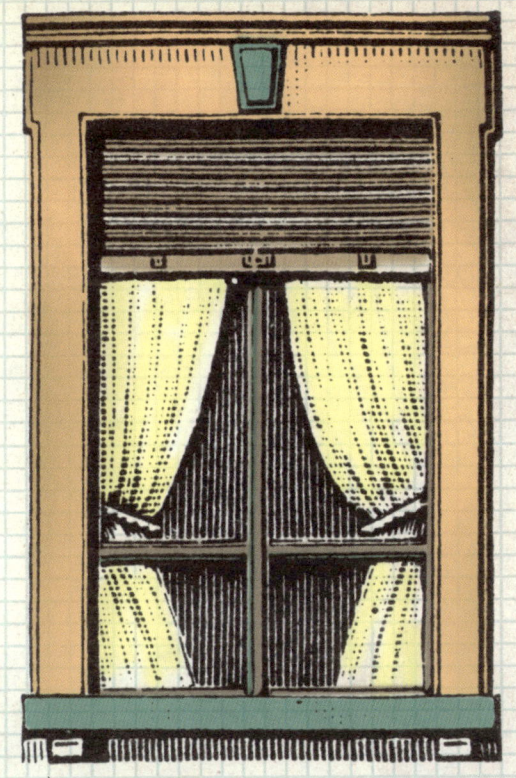

答案87

盐

大米比盐更吸水。湿气进入盐瓶，大米迅速将其吸收，这样我们就能很轻松地倒出盐。

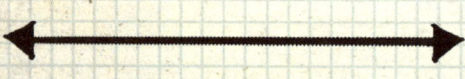

答案88

密文7

这个密码采用的是错误指示法。原文5个一组的字母群中只有第一个字母有用。将每组第一个字母拼接起来排列即可。引语是：

"You have to learn the rules of the game. And then you have to play better than anyone else."

—Albert Einstein

"首先你必须掌握游戏规则，然后必须玩得比别人好。"

——阿尔伯特·爱因斯坦

答案89

芝诺的二分说悖论

二分法假设空间可以无限划分，但时间不可以。这两个假设都很随意，并且其中至少一个是错误的。事实上，现代物理学提出了亚原子层级的最小空间细分。

答案90
瓶中的鸡蛋

　　需要将鸡蛋在醋中浸泡半天左右。这会使蛋壳有很强的延展性。然后将一张点燃的纸放入瓶中，再将鸡蛋放在瓶颈上。当火苗熄灭，空气遇冷收缩，鸡蛋就掉进瓶中了。然后要做的就是用冷水冲洗瓶子内部，冲掉纸灰，同时使蛋壳恢复正常。

答案91
逻辑问题9

是的。我只饲养我信任的动物。

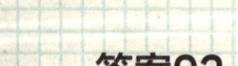

答案92
伯特兰的箱子

你一共可以拿到三枚金币,每枚金币的概率都是1/3。其中两种情况箱子里剩下的是金币,只有一种情况是银币。因此你第二次拿到金币的概率是2/3——直觉可能以为是1/2,但其实不是。

答案93

温暖的感觉

很显然,并不是羊毛外套直接使你变热。它仅仅阻止你身体的热量流失到周边空气中。换句话说,你是自我变热。羊毛裹住了很多滞留空气,空气是良好的绝缘物质。你身体的热量又返回到你的身上,因此你的身体变暖。

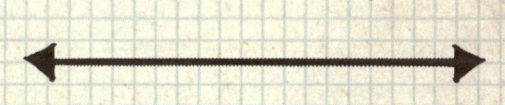

答案94

明暗对照

这个问题可以用相似三角形的几何关系来解决,也可以用尺子、铅笔和纸画图轻易解出。如果刚好站在街灯下面,你的影子就在你的脚下,位移为0。当你走的距离等于你的身高(假设为 x),通过画图得出你的影子顶部移动的距离为身高的2倍($2x$)。通过不同距离的测试,你发现这种关系是不变的,但是该比例由当事人的身高和灯源决定。在本例中,影子顶部移动的速度是你行走速度的2倍……但是注意,爱因斯坦说过所有事情都是相对的。只是对于静止不动的观察者来说,影子的移动速度是你行走速度的2倍。但从你的角度来说,你的影子顶部离开你的速度和你行走的速度是相等的。

答案95

逻辑思维测试10

人名	地点	目的地	同伴
费利西亚	南极洲	贸易基地	朋友
林德赛	阿根廷	农家乐	一个兄弟姐妹
尤兰达	冰岛	城市	一个堂兄妹
洛丽	日本	别墅	一个同事
泰勒	毛里求斯	酒店	父亲或母亲

答案96

高尔夫球

从某种程度来说，凹点形成的不规则面能吸收更多的空气，减少了空气的阻力，使球飞得更远。更重要的是，发球者使球回旋，旋转的凹点吸收空气，将空气向下推。球下更大的气压将球托起，使球飞得比原来远很多。

答案97

跳车

　　你要解决两个问题。当你跳车时，你的速度和车速一样。但地面是静止不动的。这会产生两个问题。着地前你想尽量降低你的速度，你想尽量减少摔跤的概率。如果你跳车的方向与车的行驶方向一致，你将面向车子前行的方向——目前最安全的落地方式——但你必须加速。如果你反方向跳车，你将你的速度降到最低，但你的身体不能应付缓慢的速度，更糟糕的是，如果你摔跤，你无法将双手放到前面阻止摔跤。直接从车上跳下使你在落地时更无法平衡身体，也根本不能降低速度。

　　因此，如果你必须跳车，最好的方法是面向车行驶的方向，但向相反的方向跳，向后跳。这样会最大限度地降低你的速度，但当冲力推你的时候你面向汽车行驶的方向落地。这可以使你最大限度地避免灾难性事故的发生。

答案98

逻辑问题10

不能。我从不关注獾。

答案99

芝诺的体育馆

显然,芝诺犯了一个荒谬的错。绝对速度不等于相对速度,选手快速地经过对方是因为他们跑步的方向相对。但是相对论像一个无法避开的暴君。如果选手们是宇宙飞船,以几乎光速经过按相对方向跑步的彼此,他们仍以光速经过对方,而不是光速的两倍。事实上,芝诺是在准确描述真相,至少以相对论速度。芝诺这个悖论对于时间属性留给我们的启示仍争论不断。我们生活在一个非常奇怪的宇宙。

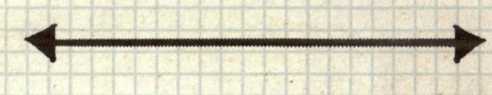

答案100

气泡

气泡仍旧会相互吸引而靠近。气泡间的水将流向质量浓度最大的地方,即两个气泡之外的地方。因此两个气泡将相互靠近。

答案101

完美的椭圆

一旦你知道了其中的窍门,答案就很简单。将纸裹住一个圆柱体,如瓶子,确保不要将圆规的铅笔端抓得太紧。在圆柱体上画的时候,圆规圆心到铅笔端距离的变化能保证画出来的是椭圆。

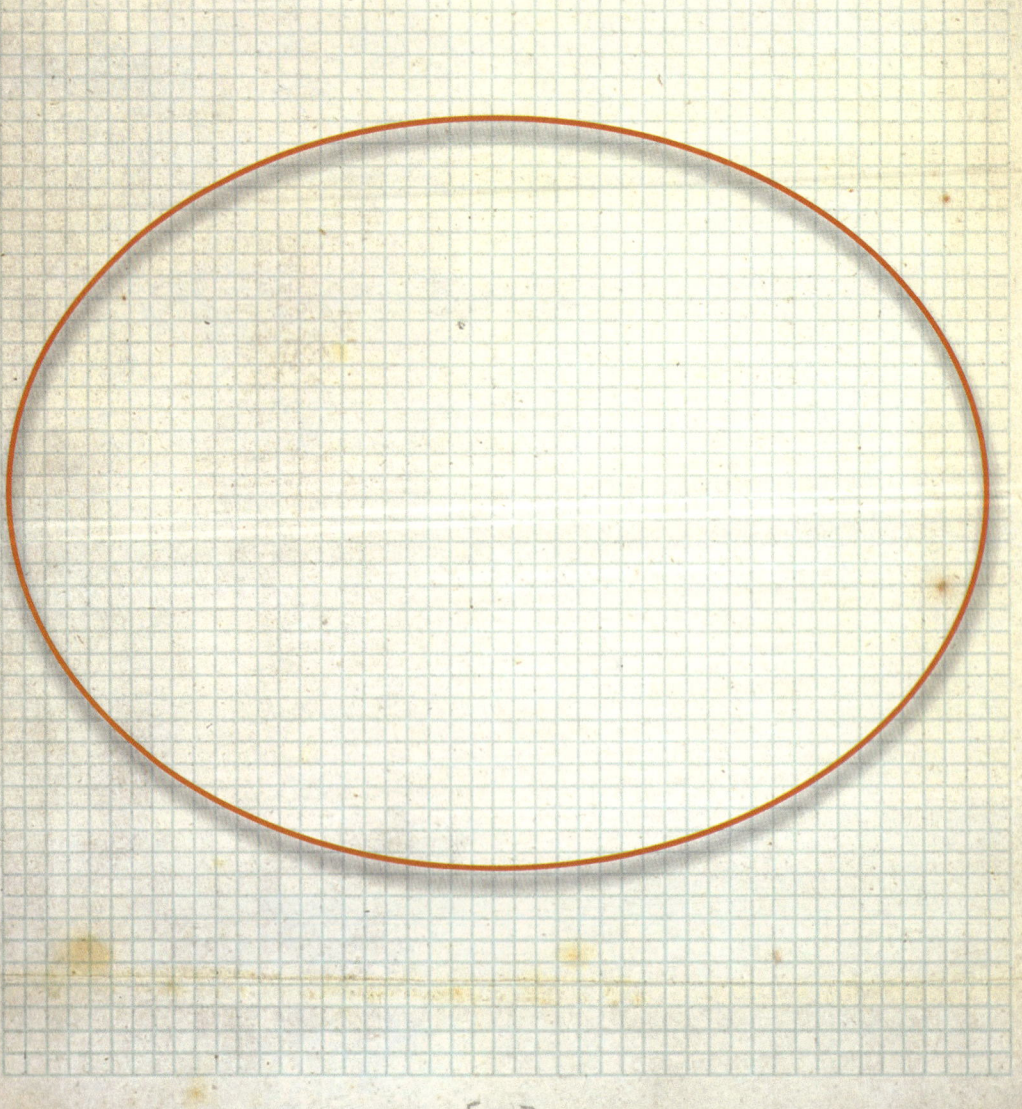

答案102

密文8

密码是用数字 1~9 按顺序替换字母表中的字母。一旦字母到 J,就从数字 1 重新开始。因此,A,J 和 S 都用 1 表示。去掉密文中的间隔,这样第三个"9"没有用上,最后一个"0"是充数的。名言是:

"If my theory of relativity is proven successful, Germany will claim me as a German and France will declare me a citizen of the world. Should my theory prove untrue, France will say that I am a German, and Germany will declare that I am a Jew."

——Albert Einstein

"如果我的相对论被证明是对的,德国会说我是德国人,法国会说我是世界公民。一旦相对论被证明是错的,法国会说我是德国人,而德国会说我是犹太人。"

——阿尔伯特·爱因斯坦

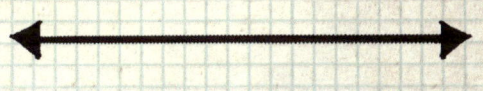

答案103

不可能的事

切分 52 次之后再叠起来,扑克牌将有大概 1.23×10^{15} mm 高——约 7.7 亿英里高,是地球到太阳距离的 8 倍多。

答案104

薛定谔的猫

　　量子力学理论认为，这只猫处于既死又活的叠加状态，只有打开密室去看才能确定猫的状态。只有打开密室去确认，才能决定猫的命运，猫可能还活着，也可能早就死了。令薛定谔（和爱因斯坦）震惊的是，这一实验精确地展示了宇宙的运作模式。如果没有实际观测，物质可能同时处于所有可能的状态。薛定谔猫的原理已经用于创建量子通信波，以检验信息是否被监测。

答案105
磅秤

身体向前倾，躯干肌拉动躯干的下半部，减小了秤的压力。尽可能站直，你就可以看到相反的效果。尽量站直使得躯干肌向下推动下半部，增加了体重。另外，如果下弯，你的重心可能偏离了磅秤，这也会降低你的体重。

答案106
逻辑思维测试11

名字	疾病	礼物	睡衣颜色
罗宾	麻疹	玩具	黄色
亚历克西斯	腮腺炎	冰淇淋	蓝色
比利	扁桃体炎	朋友看望	绿色
弗兰基	水痘	果冻	橘色
李	猩红热	书	红色

答案107
重量问题

　　最大重量即最大地球引力。如果地球密度均匀，最大地球引力将发生在尽可能接近地心的地球表面——即北极或南极。离地心越远，地球引力减小，因此你的体重在山上更轻。但是如果你打破地表越往下，体重也会降低，这是因为你的质量抵消了地球引力。

　　事实上，地球的密度分布不均匀。地心的密度要大很多，越靠近地心，地球引力越大，平衡点在地表以下约2885千米。这就是我们所说的古登堡界面。在这里，地心引力大于质量引力。

答案108

芝诺的箭

物体运动,所以拥有动量。但是如果你以经典物理学的观点观看世界,认为世界是分解成凝固的时间切片的空间结构,那么确实不存在运动。量子力学更甚,在这一层面已基本取代了经典物理学。已有结论表明,如果你知道颗粒的位置,你无法知道它的方向或速度(反过来亦如此)。芝诺知道箭在空中的位置,他不能说箭处于运动中。他是对的。

似乎这还不够,芝诺的量子效应是1977年测试的,效应表明如果你集中精力观察量子系统,量子穿越时间的正常通道被打断。观察箭(比喻量子)实际上使箭停止不动。有历史记录表明芝诺在60岁时被扔进一个巨大的研钵中,被巨大的杵重击而死——成为推翻暴君阴谋中的牺牲品。

第五章

答案

答案109
逻辑问题11

可以。你的支票都标记为"不可转让"。

答案110
生存本能

事实上船会向前移动。在这种情况下，你可以加速到每小时几英里。当你身体向船头前倾去拉绳子时，摩擦力将阻止船向后滑动。当你拉动绳子时，猛然的拉力足以克服摩擦力，当你的身体向后仰时船则向前移动。

答案111

得数100

答案非常简单。123-45-67+89=100。

123456789

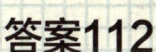

答案112

重压之下

气压和我们的血压及身体细胞内的液压相互抵消。这也是为什么有些推理小说作家会认为处在真空中的人会由于体内压力而爆炸。事实上，我们知道，人在真空中不会爆炸。

答案113
逻辑思维测试12

人名	蛋的个数	蛋的类型	外套颜色
富兰克林	112	鸭蛋	紫红色
拜伦	6	鹅蛋	黄色
卢	9	鸡蛋	白色
伯莎	15	鹌鹑蛋	蓝绿色
梅根	3	火鸡蛋	黑色

答案114
吃水线

当水烧开，蒸汽将水推出。排气管中相对较凉的温度将蒸汽压回水中，另外的水被吸进加热器，过程再次重复。波波船运行的原因在于排出的水直线流出，生成向前的动力，而吸入的水来自反方向的排气管出口，结果向后的拉力基本被驱散。像用于喷气发动机的简易推力增压器能通过改变方向再次将向后的拉力转变为向前的推力。

答案115
密文9

密码采用的是另一种错误指引法。这次名言为密文中每组字母中的中间一个字母依次拼写出来的句子。名言为：

"Force always attracts men of low morality."

——Albert Einstein

"武力往往受品德低下的人欢迎。"

——阿尔伯特·爱因斯坦

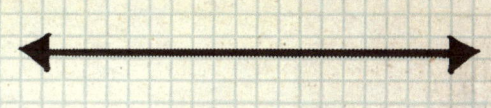

答案116
大饭店

无数指无限。尽管酒店现已有无数名客人，经理可要求每位客房的客人从自己的客房移到房号为自己房号两倍的客房。然后空出的无数奇数号客房就可以安排给新来的客人。当然还可以有其他的方法。例如要求每间客房的客人挪到另一间客房，然后将这间客房预定给新来的一位客人，无限重复此过程。

希尔伯特的饭店悖论是无限大运行的完美描述，但是，奇怪的是有些评论家（绝大多数为宗教学者）将这个悖论作为证明不存在无限的证据。

答案117

字母序列游戏2

下一个字母是 P。后一个字母是前一个字母在字母表往后移 3 个位置。

ABCDEFG
HIJKLMN
OPQRSTU
VWXYZ

答案118

逻辑问题12

不能。这些信件不是用蓝色信纸写的。

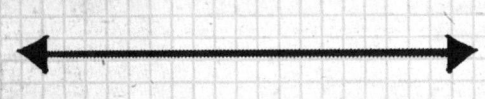

答案119

贝瑞悖论

解决方法在于语言的属性。"界定"是一个模糊术语,"不能用12个或以下单词来描述的最小自然数(the smallest positive integer not definable in 12 words or less)"表达很不精确,没有数学意义。

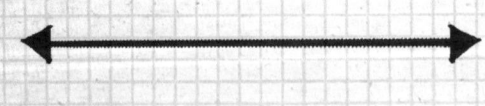

答案120

射击

仅4千米。空气阻力远比我们感觉的要大得多。

答案121

涨潮

月亮确实将海水拉向自己,从而引起涨潮。但由于地球表面各地离月亮的远近不一样,引潮力也会出现差异。一般正对着月亮的地方引潮力大,而背对着月亮的海水所受引潮力变小,离心力变大。所以地球另一边的涨潮是由离心力引起的。

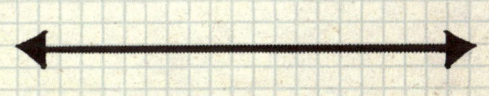

答案122

逻辑思维测试13

人名	活动	饼干	饮料类型
特里普	上美术课	姜味饼干	茶
内莎	讨论玄学	巧克力曲奇饼干	苏打水
萨尔达纳	演戏	加里波第饼干	水
特里斯坦	学法语	助消化饼干	咖啡
薇尔玛	参加读书会	奶油饼干	果汁

答案123

积雪

这和风有关。大而平的物体表面会使风远离它,转向细而圆的物体,像电线杆,或透风的篱笆。电线杆上积雪更多,是因为风离它很近。

答案124

逻辑问题13

是的。它们不喜欢我。

答案125

牛顿和佩皮斯

获胜的最大概率是最小的赌注,即掷6次骰子。如牛顿所说,你可以根据较小赌注的倍数来考虑较大赌注。掷6次骰子,你只需获得1个6点,12次骰子,要同时获得2个6点,18次骰子,3个6点。事情远不是这么简单——佩皮斯是对的,因为18次骰子获胜的方法多于6次骰子——但是另外的方法并不比另外的难度更重要。(根据记录,抛6,12,18次骰子获胜的概率分别为0.67,0.62和0.60。)

答案126
字母序列游戏3

下一个字母是 J。字母为每个月份单词首字母，顺序是从 12 月往前取每月的第一个字母排列：December(12月)，November(11月)，October（10月），September(9月)，August(8月)，July(7月)，June(6月)。

JUNE

ABCDEFG
HIJKLMN
OPQRSTU
VWXYZ

答案127

时间

相对论和这没有任何关系。海拔越高,气压越低。这意味着怀表上的发条所受的阻力越小,走得更快。因此这块怀表走得更快。

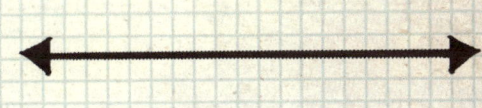

答案128

密文10

栅栏密码法是一种移位密码。密文被分解为两部分,原文中的字母交替使用。于是字母序列 ABCDEFGHIJ 被分成 ACEGI 和 BDFHJ 两部分。找到中间点,然后查看从开始到中间点更迭的字母。名言是:

"As far as the laws of mathematics refer to reality, they are not certain; and as far as they are certain, they do not refer to reality."

—Albert Einstein

"数学法则用于现实时,它不太确定;当它确定时,又不适用现实。"

——阿尔伯特·爱因斯坦

答案129

万有引力

月亮和地球一样,围着太阳旋转。地球有足够的拉力使得月亮围着地球旋转,但这没有改变月亮仍在太阳轨道上这一事实。

答案130

字母序列游戏4

下一个字母是 E。字母顺序为整数从小到大的第二个字母：oNe，tWo，tHree，fOur，fIve，sIx，sEven。

答案131

狮身人面像之谜

答案是人。刚出生时爬着走，长大后可以站立，老年时拄着拐杖走。

答案132

飞行游戏

子弹刚出膛时速度很快,但不会一直保持这个速度。如果射向空中,子弹的水平速度将逐渐降低直至为 0,即使其向下的速度增加。速度为 90 英里/时的敞开式座舱飞机在飞行过程中很容易遇到同一速度的子弹,因此从飞行员的角度来看,子弹似乎是静止不动的。

答案133

气球实验

令人惊讶的是,气球会向前飘。汽车加速时,受惯性影响,一般物体都会往后倒,但这其中也包括空气。汽车后座的气压增大,从而使得气球向前飘。

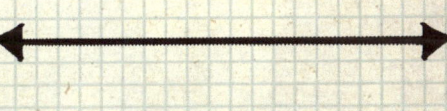

答案134

鸡蛋

旋转鸡蛋。生鸡蛋几乎转不动,除非你使出九牛二虎之力。煮过的鸡蛋很容易转动,煮熟的鸡蛋旋转得更快更好。

图书在版编目（CIP）数据

爱因斯坦谜题集 /（英）蒂姆·戴多普洛斯编著 ; 李枚珍译. -- 长沙：湖南科学技术出版社，2020.7
（高智商谜题. 科学家系列）
书名原文：EINSTEIN'S PUZZLE UNIVERSE
ISBN 978-7-5710-0531-3

Ⅰ. ①爱… Ⅱ. ①蒂… ②李… Ⅲ. ①智力游戏 Ⅳ. ①G898.2

中国版本图书馆 CIP 数据核字(2020)第 046181 号

EINSTEIN'S PUZZLE UNIVERSE
by
Tim Dedopulos
Copyright©2015 Garlton Books Limited
All Rights Reserved

湖南科学技术出版社经由大苹果公司取得本书简体中文版中国大陆独家出版发行权
版权登记号：18-2019-294

AIYINSITAN MITIJI
爱因斯坦谜题集

编　　著：	[英]蒂姆·戴多普洛斯
译　　者：	李枚珍
责任编辑：	王　燕
出版发行：	湖南科学技术出版社
社　　址：	长沙市湘雅路 276 号
网　　址：	http://www.hnstp.com

湖南科学技术出版社天猫旗舰店网址：
　　　　http://hnkjcbs.tmall.com

印　　刷：	湖南省汇昌印务有限公司
	（印装质量问题请直接与本厂联系）
厂　　址：	长沙市开福区东风路福乐巷 45 号
邮　　编：	410003
版　　次：	2020 年 7 月第 1 版
印　　次：	2020 年 7 月第 1 次印刷
开　　本：	710mm×1000mm　1/16
印　　张：	16
字　　数：	118 千字
书　　号：	ISBN 978-7-5710-0531-3
定　　价：	48.00 元

（版权所有 · 翻印必究）